Trans+

Trans+

Trans+

不在

不同的存在

小異　小小的奇異

不在系列 01

通靈者說

作者：施寄青
責任編輯：陳文芬
美術編輯：何萍萍
法律顧問：全理法律事務所董安丹律師
出版：小異出版
台北市105南京東路四段25號11樓
TEL：（02）87123898 FAX：（02）87123897
e-mail:locus@locuspublishing.com
www.locuspublishing.com
發行：大塊文化出版股份有限公司
台北市105南京東路四段25號11樓
讀者服務專線：0800-006689
TEL：（02）87123898 FAX：（02）87123897
郵撥帳號：18955675
戶名：大塊文化出版股份有限公司

總經銷：大和書報圖書股份有限公司
地址：台北縣五股工業區五工五路2號
TEL：（02）8990-2588
FAX：（02）2290-1658

初版一刷：2006年5月
初版 9 刷：2015年1月
定價：新台幣250元
ISBN 986-82174-0-7

施寄青

通靈者說

目錄

一個非無神論者的發言

郝明義

看待（或對待）這個世界的方法，有四種。

第一種，是「無神論」。我們腳下踩的就是土地，頭頂有的就是天空，別無其他。活著的時候，喜怒哀樂有之，起伏高低有之；生命結束之後，也就塵歸塵，土歸土，別無其他。

第二種，是「有神論」。天地之間，另有其他存在、規律。因而有神有魔；有天堂，有地獄。因而不能不選擇一種宗教，虔誠地信奉。

第三種，可以稱之爲「非無神論」。這種人雖然沒有宗教信仰，但相信冥冥中還是有一種令人敬畏的主宰力量。因而自己會給自己定下一些行爲的規範，定下一些思索的方向。

第四種，可以稱之爲「非有神論」。這種態度的出現，又有幾種可能。第一，是變形的無神論，無神論堅持得不夠徹底，有時候又想相信一些有的沒的。第二，是變形的有神論，宗教信仰堅持得不夠徹底，言行不一。第三，是亂掉章法的非無神論，沒出問題的時候，把冥冥中的力量忘得一乾二淨，有所需求的時候，又要逢廟就拜，逢神就求。「迷信」的眞正定義，應該是「迷而亂信」、「迷而不信」。這第四種「非有神論」，應該就是「迷而亂信」、「迷而不信」的代表。

我認識施寄青女士多年。目睹了她從「無神論」的立場，轉變爲「非無神論」的立場。

一如她一向的特立獨行，她從不隱瞞自己這種轉變。不但不隱瞞，還著書論述，公開發表。這其中許多過程，她都寫在前一本書《看神聽鬼》中。

《看神聽鬼》之後，將近一年半的時間裡，她一直在忙一個新的計劃，針對台灣各種各樣「通靈人」做一次大幅度的調查報告。我和她見面的時刻雖然不多，但是不停地聽到她奔波於全台灣各地的動靜。距離阻攔不了她，期間一度受傷頗重的身體也耽擱不了她。

而最後的結果，就是她這一本《通靈者說》。

《通靈者說》，一方面可以歸類爲一種報導文學，作者以近乎田野調查的方法，爲讀者展述了她的觀察與心得；另一方面，也可以看出作者另有意圖。

施寄青顯然希望這一本書對那些「非有神論」的人，那些「迷而亂信」、「迷而不信」的人，能產生些實際的幫助。「無神論」的人不需要她的建議；「有神論」的人有自己的信仰在指引，不勞她的建議；基於一個「非無神論」者的立場，她希望自己的探索，能對那些迷亂的「非有神論」者給些參考與建議，能和那一些人產生對談，讓他們在種種蠱惑中不致走太多冤枉路。

她要以一人之力做這件事，一方面簡直有點「愚公移山」的味道，另一方面，也讓人感受到她近於「我不入地獄，誰入地獄」的意念。

這是我在一篇序言裡能說的話。

《推薦序》

向通靈者求救也要自救

林孝宗

印象中的施寄青，是常在電視上爲婦女爭取權益的女強人，能說、敢說、直說，言辭十分犀利麻辣。

去年看了她寫的書《看神聽鬼》，才知道施老師的文筆比口才更犀利、更精采。她以自己親友的靈異經驗爲經，以通靈人的功力和實績爲緯，娓娓道來，比《聊齋誌異》更眞實、更引人入勝。我買了書當晚就一口氣看完。

最近施老師回應《看神聽鬼》讀者的熱烈期盼，繼續寫出《通靈者說》這本新書。

昨天收到初稿，也是一口氣看完，捨不得停下來。她將這一年來與幾位新接觸的通靈人之間的精采互動寫出來，也交代了《看神聽鬼》書中幾位通靈人的近況。

這兩本書不僅非常生動、精采，而且很有用。可讓一般人了解自己或親友的異狀到底是怎麼一回事；對於鬼附身的狀況和通靈人的處理方式，有比較清楚的概念。即使平日非常鐵齒，自認爲很理智、很科學、不相信鬼神、不相信有通靈這回事的人，看了書之後多少也會修正自己的想法，不再那麼迷「不信」。

《看神聽鬼》這本書我前前後後看了好幾遍，也推薦給很多深受外靈干擾的人或其親友。據我所知，有這方面問題的人還眞不少，卻不知道如何解決？或是有誰能幫忙解決？

施老師在書中說明怎樣辨識通靈人的眞假，也推薦了幾位通靈人。我們都相信：精明且急公好義的施老師所了解、所推薦的人，一定是功力高而又正派、可靠。這對有需要的人幫助很大，可避免徒勞無功，甚至找錯人被騙財、騙色。

施老師在新書中也提到她最近幾個月來學練自發功的經過。她先花兩個月仔細看了我寫的幾本氣功書，然後才開始學功。之後劍及履及，不但自己勤練功，還買了幾百本書送給鄰居和朋友，並催他們來學功。施老師謀定而後動，果真是一位行動力、號召力、帶動力超強的女中豪傑。據她說，練功後身體多種病痛已經舒緩，心境也變得比較平和。《看神聽鬼》這本書很暢銷，許許多多受到外靈干擾的人及其親友都看過。《通靈者說》新書出版之後，他們一定會看，也會推薦給有同樣問題的人。這些人很可能會想要跟著施老師的腳步學自發功。

可是體質比較陰虛早就受到外靈干擾或直接附身的人，在練功初期大都會出現一些比較特殊的狀況或奇特的現象，而且有少數人甚至可能朝負面發展。所以我想在新書的推薦序裡頭，把這些情況和練功的利弊得失說明清楚，以提醒熱心善意人士，在鼓勵親友練功之前，要先了解他們適不適合練自發功。

體弱多病的人，或是失眠症、憂鬱症患者，其中有些其實是受到外靈干擾，導致身上累積了太多的陰氣而得病。

這些人在宗教場所做功課（跪拜、祈禱、唸經、持咒）、靜坐或練功時，很容易受鬼神的影響而發生靈動現象，出現一些特殊的反應，如流淚、哭喊、說靈語、打呵欠、呃氣、頭暈、胸悶、想嘔吐等等。

如果這些人來練自發功，一進入氣功態，內氣驟然增強，生命能量提升，就會自動做出比較特殊的自發動作。其中有些動作是要趕走外靈、掙脫外靈的束縛，如兩手亂揮、滿地打滾。有些動作是在排除陰氣和病氣，如一直跳腳、甩手、呃氣、嘔吐，或是自動跑去抱著榕樹（榕樹容易吸納陰氣）。有些動作則是一面採陽氣、一面排陰氣，例如本來站在樹蔭下練功，卻自動跑到大草坪中間的泥土地躺下來曬太陽，一曬就是幾個鐘頭。有些奇特的舉動則是尋求幫助，如自動衝到高功者身邊，一直繞著他跑個不停；或躺（或跪）在他前面。

有些當事人或其親友不了解狀況，或是不願意承認本來就有外靈干擾的問題，寧可認爲練功走火入魔而自行放棄或被親友嚴厲禁止練功。

其實若能持之以恆繼續練功幾個月，身上累積的陰氣和病氣越排越少，陰虛的體質改善、身心能量提升，外靈也就棲身不了。靠自己的生命本能及大自然的能量來解決問題，才是眞正治本之道。

如果不想練功或沒時間練功，平日多曬太陽以陽氣沖淡陰氣，以及多讓身體和腳掌緊密接觸大地加速排除壞氣，也會獲得一些效果。此外，要盡量避免接近陰氣重的地點

（如殯儀館、墓地、靈骨塔、命案現場等等），以免吸納太多的陰氣。

有極少數情況特別嚴重者，在練功初期可能會有三種困擾：

一是很難收功，即使勉強收功，沒多久也會隨時動起來，造成生活上和工作上很大的不便。這種現象是因為：這些人每天必須花好幾個小時練功，以進行自發治病和排除體內累積的大量病氣、陰氣，這樣才可暫時滿足身體的迫切需求。否則生命本能為了以最有效的方法進行自救，就會自動驅使身體進入氣功態。

二是外靈干擾的狀況會更加劇烈，身心失常的症狀會更嚴重。這是因為練功時，自己的生命本能會採取行動驅趕外靈，企圖擺脫外靈的束縛；而外靈不會輕易放棄而展開強力反擊，兩者極力在進行激烈的對抗。

三是所謂的「入魔」。由於外靈的作用，當事人的感應能力會增強，能夠感知別人身體的症狀和心事；或是外靈以幻聽、幻視的方式，讓當事人知道別人的往事、前世因果，甚至預測未來。如果心性本來就有偏差（如自大、貪名、求利、好色），又喜好追求神通、迷信菩薩加持，那就容易被外靈迷惑而自認為功力高強、度眾心切，躍躍欲試為很多人治病、祛邪，結果吸納了太多的病氣和陰氣，體質轉為更陰虛，甚至精神出了問題，這才是眞正的「入魔」。若是始終心存正念，抱持著「凡所有相皆是虛妄」的正確態度，視之如夢、如幻，完全不加以理會，不隨之起舞，不賣弄神通，那麼外靈的伎倆就無法得逞。

發覺受到外靈干擾而且問題嚴重者，最好先看看《看神聽鬼》、《通靈者說》這兩本書，了解發生在別人身上的類似狀況，然後向施老師推薦的幾位通靈人求助（書上附有電話號碼）。等到問題解決或情況穩定之後，再來練功就會比較順利。

通常大多數人在尋求適當的通靈人幫助之後，多少都會有立即的效果。但是在體質還沒有改善的情況下，隔一陣子又會發生狀況。這並不是通靈人的功力不夠。關鍵是在個人的身心特質。就像身體虛弱、容易感冒的人，雖然一時治好了，仍會不時再患。

有些人由於前半生或前世所造的業障比較重大，附身的外靈比較兇悍，即使找通靈人幫忙化解，效果也很有限。必須自己深自懺悔，並多多行善來彌補。

據我所知，通靈和祛邪都相當耗費能量。如果通靈人採好氣、排壞氣的能力不夠強，或是一下子處理太多嚴重的案子而來不及採氣、排氣，也會撐不住而損傷身體。所以絕大部分的通靈人都很低調，甚至連家人也瞞著不讓知道，以免引來無謂的困擾。我很佩服書中這幾位通靈人願意出來爲衆人服務。

我本身並不是通靈人，感應不到鬼神。只是因爲研究氣功、教氣功而有緣結識一些通靈人，有機會觀察、聆聽他們的靈異經驗。施老師把我寫進這本新書中，用意可能是希望大家藉由自己勤練功來自救，解決自身的病痛或靈障，不用動不動就勞駕通靈人幫忙。

如果讀者想要學自發功，或是詢問有關練功的問題，我很樂意幫忙（我每天早晨七點到八點，在中央大學大禮堂後面的大草坪教功）。若是想要解決外靈干擾的問題，最好直接找施老師所推薦的通靈人。

希望施老師練功之後，以更深刻的心靈體悟繼續寫書、繼續推薦正派而功高的通靈人，以嘉惠大衆。

（本文作者爲中央大學化工與材料工程系教授、氣功研究者）

《自序》

我是秦始皇

在我做靈異調查的過程中，兒子們當然成了我的最佳白老鼠，大兒子被我弄煩了說：「我不知道妳爲什麼要搞這些怪力亂神，妳讓我想起了秦始皇在晚年時爲求長生不老而跟術士打交道的情形，我的腦海浮現的畫面是一個老態龍鍾的皇帝，坐在偌大的皇宮中，每天被這些術士騙得團團轉。」

哈！在他眼中，我是個怕死的老太婆，跟漢文帝一樣，不問蒼生問鬼神，想藉助這些通靈者來跟靈界打交道，求一免死牌。

也有許多人，包括李敖在內，看也不看我的書，立刻批評起我來，認爲一向鐵齒的我，爲何在走下婦運戰場後，腦袋不清楚，搞起怪力亂神來，跟那些迷信的村夫愚婦沒兩樣。

在台灣，人們（包括以前的我）看待怪力亂神受兩種影響，一是儒家的：「子不語怪力亂神」，「敬鬼神而遠之」。二是科學至上，連佛教界也不肯面對佛經中充滿了怪力亂神的事而避談「神通」，以免外界批評他們「迷信」。

佛陀的「不尙神通」與「不講神通」是有很大差別的，「尙」是崇尙之意，不尙是不推崇神通。換言之，承認有神通，但因神通是特殊能力，所以佛法還是要回歸基本面，重視日常的修行，更何況「神通不敵業力」，多談無益。

孔子「敬鬼神」，代表了他間接承認有鬼神的存在，只是在弄不清眞相時「遠之」，畢竟重要的是現實生活中一個人該如何安身立命。

然而，不去、不肯探討鬼神的結果，讓宗教、靈異、五術更是大行其道，因爲絕大多數人是貪生怕死且無法掌握自己命運的，他們自然想「趨吉避凶」，這是人性。

因此，不分種族、文化、階級、地域，有史以來，人們一直受宗教宰制，中古世紀的歐洲，因受基督教嚴密控制，每個人連人身自由皆無，整個社會愚昧無知到極點，故稱「黑暗時期」。

西藏一直是神權社會，中國社會更受佛、道二教的影響，神權永遠是人類思想進步的絆腳石。

孔子的「敬鬼神而遠之」的教訓，並未使得中國人更趨理性，反而在這個大帽子下，知識份子表面不敢公開討論，私下卻十分熱衷，如邵雍、周敦頤、朱熹、董仲舒等不勝枚舉。遑論民間的愚夫愚婦。大文豪袁枚有心探討此領域，但也只能以八卦方式來寫《子不語》一書，對儒家做小小的反擊。

十九世紀末期，大多數知識份子以爲科技昌明，宗教會式微，誰知不然，各種新興宗教、心靈成長書籍或課程如雨後春筍興起，傳統宗教也以新瓶裝舊酒的方式，重新以企業經營方式來行銷。

宗教、靈異及傳統五術中的山、命、相、卜、醫（靈療、民俗療法）大行其道，有識之士難道看不出，探討人類心靈精神層面的時代已來臨了。

歐美許多正統的學術機構與學者早已投身此領域，中國文化有豐富的素材，只等有心人來去蕪存菁，釐清眞相，讓人們可以找到眞正的精神慰藉，開發心靈無限的潛能，而非讓騙財騙色，意欲操控人的神棍操弄，也讓宗教提升到悲天憫人的境界，而非停留在賣贖罪劵的迷信層次。

無獨有偶，《邱吉爾的黑狗》一書作者，英國知名精神學者安東尼·史陀（Anthony Storr）在書中論及諾貝爾文學獎得主高汀（William Golding）的才華時，說過一句耐人尋味的話「我們這個世紀所需要的，正是對神祕的感應。」讓我有「英雄所見略同」之感。

這是我做靈異、宗教探討的目的，更希望以此拋磚引玉，引出更豐富的心靈論述和探討，書中附那些與我打交道的通靈人或機構的電話，除了讓有需要的人能免於被騙財騙色還得不到眞正的幫助的人可以求助有門外，更希望能吸引才識俱在我之上的有心人來一起探討和對話。

第一章　新書發表會

二〇〇四年十月一日，是我的新書《看神聽鬼》的發表會，我邀請了書中提及的所有通靈者到場。除了三少爺因人在台中，不克前來外，慈惠堂王堂主夫婦、小慶、半僧居士、蔡伶姬、張開基都蒞臨會場。

我的書原預計八月底出書，後因故延到十月一日，由於我再三改稿的結果，使出版社作業十分倉促。我的初稿給張開基、傅大為、半僧居士、小慶四位看過，原因是要請他們作序。

大塊老闆郝明義認爲半僧與小慶皆爲書中提及的通靈人士，不宜寫序，所以他們二位的序沒放上去。

三少爺要求先看看寫他的那一段，他看後改動許多，大意是說明他爲何到台中開館，但我出書的目的不是爲他宣傳而僅是陳述我與他打交道的過程與感想，所以我並未採用他改動的部分。

由於出版日期延後，加上後來又發生許多事，致使我最後的定稿與初稿相差甚遠，幾乎改動二分之一以上。

定稿未給任何人看，一則時間來不及，二則我不想讓任何人左右我的內容，因爲那是我個人主觀的經驗，不容他人置喙。

書在新書發表會前一天才出爐，除蔡伶姬是在前一天拿到外，其他人皆是在現場拿到書。

我原未打算邀蔡來參加新書發表會，出版社認爲不妨邀她出席。

原本張開基也不想來，因他住花蓮，往返不便，更何況他久已不彈此調，興趣缺缺，但三少爺卻一直慫恿他來。

未料他們兩人來後竟引發日後之戰，這是我始料未及的。

我按書中人物出場的秩序，請他們一一發言，王堂主不善言辭，只說願替大家服務。

半僧居士強調人要反省自己這一生到底要什麼。小慶說她雖通靈，但仍主張不需藉助通靈，應好好掌握現實人生。

快速破功的通靈者

不料輪到蔡發言，她一上來便說我迷信，竟然請來慈惠堂堂主，我十分尷尬，不知如何回應，她長篇大論說教一番後便說她的電話號碼已改，再版時不要再登她的電話號碼。

我有點丈二金剛摸不著頭腦，我若要登他們的電話或網站，事先會徵求他們同意，我決不會未經當事人同意而擅自登電話。

由於我對蔡的輔導方式有些疑慮，更何況她已在她的網站上說自八月起鬱金香咖啡屋要關門，不再做讀書會，因她要上電視，所以我自始便未刊登她的電話。

也因她這番話，令我懷疑她是否仔細看過我的書，但因她是我邀來的貴賓，我不方便當面批駁她，她可以無理，我不能失禮，我作結時只委婉道：「要是依我以前的個性，我對看不順眼的事，會一竿子打翻一船人，但我經歷了近二十年的社會運動，知道人有智愚高下之分，每個人的需求不同，所以我提供不同的通靈者名單，只要他們是術德兼備的。」

在張開基發言時，小慶傳紙條給我說：祂們來了，在場有很多，因爲她聞到香味，應是神、佛、菩薩。王堂主也悄聲告訴我有不少靈界的靈在場。

他們都要我別擔心，因爲來者並無惡意，祂們不過是對此盛會感興趣。

發表會結束後，我與小慶夫婦一起吃晚飯，她告訴我先來的是高靈，祂們走後，又來了一些低靈，祂們也想來成長學習的。

我不通靈，自然看不到有的沒的。我只覺得這次新書發表會不像兩年前的《挑戰維納斯》那麼轟動，那次我以五八歲高齡穿泳裝亮相，轟動武林，驚動萬教。

事後，山上的鄰居告訴我，他們對蔡感到失望，看她的書，覺得她是個有心濟世的人，不料她本人的態度十分踞傲，而且霸佔大部分的發言時間，忘了她是來賓而非主角。

我對她並無惱意，原因是她剛嶄露頭角，會不自覺的急於表現。我自出道以來，與不少剛露頭露臉的人同台演出，他們總是急於表現，搶著發言。我常問自己，是否也曾有這種毛病。

成名日久，很清楚人們是多麼健忘的，每天電子媒體出現的人有多少？就算你紅極一時，甚至紅上二十年、三十年如張小燕之流的藝人，只要在螢光幕上消失半年，人們早把你忘到九霄雲外去了。

我剛出道時，不也急於表現嗎？直到今日，仍是語不驚人死不休的，老是扮演驚世駭俗的角色。

兒子們也學會應付他們老娘作怪所招致的物議，「老人家嘛！就喜歡作怪吧！」但張開基不知爲什麼，卻爲我打抱不平，認爲蔡的言行太過份。

我告訴他我毫不以爲意，對她並無半點惡感，只是她修理王堂主，讓我覺得很尷尬，所以事後帶了水果去慈惠堂，跟師父道歉。

師父依舊笑瞇瞇說：「別人有批評，阮都更要打拚做，要改進缺點，要謝謝別人的批評。」

脊椎報銷

上完各種媒體打書後，我的脊椎終於掛了。長期為我治療高血脂的楊醫師（郵政醫院）是個術德兼備的好醫生，他看了我的片子後，認為免不了一刀，不過他可以介紹一位他生平十分佩服少數術德兼備的神經外科高手——長庚的李石增教授來為我做手術。

我原先還想忍痛挨到十一月底再開刀。我不想驚動任何人，包括山上的鄰居，所以騙大家說我出國，要到年底回來。

開刀過程很順利，復原亦快，最主要是在山上生活了兩年多，每日勞動，時時照頻譜儀，每周給謝醫生針灸一次，身體狀況比我剛減肥成功時要好許多。

養傷期間，在百般無聊之際，發現書架上有多年前別人送我的奧修的書，當時我對這人毫無興趣，所以從未翻閱過，甚至還將其中幾本捐贈給建中圖書館。不料看後，發現此人的論調與我不謀而合，可謂心有戚戚焉。因此之故，我的心又蠢蠢欲動。

當初在研究靈異時，曾要張開基介紹一些術德兼備的通靈者，他說他已有十年不在江湖上行走，後起之秀不認得，至於以前報導過的，甚少能通過魔考（魔考原爲磨考是佛教的說法，修行時易有魔來搗蛋測試當事人道心是否堅定），大多都在名利雙收後變質了。

第二章　靈畫天語

他只提供兩個人，一位是三少爺，另一位是××書畫社的×醫師。

我依照他給的電話，始終聯絡不上×醫師，他的助理說他出國了，要七月初回來，七月初聯絡，又說十月回來，十月聯絡，又說十一月回來，看來與他無緣，也就不再打電話了。

到了十二月下旬，心想，再試試看，誰知這次電話通了，對方說周五晚上可問事，我問助理需預約嗎？她說不必。

到了周五，我與兒子驅車北上，不意那天有颱風，天雨路上塞得一塌糊塗，眼見預約的時間快到，還塞在三峽一帶，只好打電話過去告知會遲到。

誰知助理說那天問事取消，我告訴她我已從苗栗上來，而且她當初又說不必預約，我不得已只好表明身份，請她轉告×醫師，問他願不願意見我，當然，我特別說明是張開基介紹的。

過了一會，助理回電說×醫師願跟我見面，時間約在一小時後。

我們終於依約到了××書畫社，客廳頗寬敞，助理放一些他受訪的錄影帶給我們看，其中有些我在電視上看過。助理還拿他畫的畫給我們看，壁上掛了幾幅畫，不知是否出自他手，畫得還有水準。據說他不會畫畫，只有在通靈時，而且是用左手畫。

張開基告訴過我他的背景，他父親原是畫室的主持人，以通靈畫畫為人服務。他是醫生，根本沒想過繼承父業，因緣際會，父親過世後，他便接手。

他的指導靈說的是天語，所以他先用英文拼出天語，再按拼出的英文字去查一本日本古語辭典，幫他轉譯的助理亦是一位醫生。

我們母子坐了半小時左右，×醫師才出現。握手寒暄後，他開門見山說：「我與上面溝通過要不要見妳。上面說妳值得見，所以我才跟妳見面。」

我心想，既然是上面說值得跟我見面，想來我不會是太差勁的人。

我是貪杯好色的紅衣大喇嘛

我送上我的書《看神聽鬼》請他指教。他問我上面題字沒有，我不懂他為何有此一問，便說：「題了您的大名，請您指教。」

他說：「題了就算了，我可不會看妳的書。」

原來他的意思是若沒題字就請拿回去。早知如此，我會說：「沒關係，我把題的那頁撕掉就好。」

但我沒吭聲，不想得罪他，倒想聽聽他到底要說什麼。

他說：「如果妳通靈，知道天界的事，妳根本不會看書，牛頓、愛因斯坦算什麼？他們根本不懂宇宙是怎麼回事。」

好大的口氣，連牛頓、愛因斯坦都不放眼裡，我又算哪棵蔥哪棵蒜。

他問我：「妳知道妳前世是什麼嗎？」

我說：「有人說我是文天祥，有人說我是老師。」

他說：「我不能說他們說的對不對，我告訴妳，妳前世是西藏一個有名的紅衣大喇嘛，名字七個字，在西藏宗教史上留名，駐錫過好幾座大廟，如果妳到西藏，尼泊爾去，說不定會覺得有些廟很眼熟。」

我有點意外，他的助理不知從哪兒拿了一張藏傳觀音像問我說：「妳看像不像妳？」

我不知該如何回答，他又說：「妳今天這身衣服很像紅衣喇嘛的穿著。」

我穿了一件紅色、中式上衣、黑色長褲，上衣寬鬆是因為腰間繫著脊椎支撐架。

我有點啼笑皆非，還來不及做任何反應。

×醫師又說：「妳前世貪杯好酒又好色，禍害了好幾座廟。」

我聽了不禁心喜，原來我也曾有過極度縱慾的人生，若我前世是文天祥、誨人不倦的好老師，這世又成婦運教母，扮演的全是聖人，未免太悲哀了。人生幾世都活得那麼正經八百，全無樂趣，別人不嫌累，我自己都覺得累，不意我還有這麼精采的人生。

成佛 vs. 成全愛情

我小心問道：「我總不會是達賴六世倉央嘉措吧？」

倉央嘉措十五歲才被認定是達賴轉世，二十四歲便被暗殺。他不能守清規，情慾心重，因此留下不少情詩，其中幾首常被我在演講中引用：

曾慮多情損梵行　又恐入山別傾城
世間安得雙全法　不負如來不負卿
靜時修止動修觀　歷歷情人掛眼前
肯把此心移學道　即生成佛有何難
至誠皈命喇嘛前　大道明明爲我宣
無奈此心狂未歇　歸來仍到愛人邊

對他而言，成佛比過情關還容易，所幸有他這個多情種子，西藏還有感人的文學作品，否則西藏除了宗教外，還有什麼？貧窮、落後、無知、迷信？

他似乎不知道西藏有這麼一位精采人物，他以爲我妄自尊大，自以爲是達賴轉世。他說：「達賴又怎樣？我們這兒來過的人中就有前世是達賴的。」

我心想；我前世若是達賴，我可真是罪孽深重，要這麼多困苦的百姓來供養我，我又爲他們做了些什麼？

我看重的不是達賴，而是倉央嘉措這個角色，他被選爲達賴，但他偏偏執著於世間情愛，在情慾與成佛間角力，最後依然選擇了世間情愛，這個角色多精采，如果說累世輪迴是以角色扮演來悟道，那我要選這種精采的角色，如此才有挑戰性。釋迦牟尼拋棄榮華富貴及世間情愛而出家，倉央嘉措卻拋棄成佛而選擇世間情愛，這不過是個人選擇而已，有何高下之分？

人類嚮往愛情，文學、戲劇、電影、各種藝術創作的主題、靈感絕大多數來自愛情，但在另一方面，人類卻鄙視愛情，特別是宗教，無論是佛教、基督教、回教等都是以封殺人類情慾爲能事。

若說情愛是幻，成佛難道不是幻？

做爲演員，老演一種角色未免太無聊，我最欣賞的好萊塢演員是葛雷哥萊畢克（想來四年級以下的人認識他不多。）他演好人正義凜然，演壞人壞到骨子裡。做爲演員，他這生可是夠本了。

夷齊盜跖俱亡羊

他問我說：「妳寫這本書目的何在？」

我據實以答說：「我的目的是揭穿神棍騙財騙色。」其實我書的內容決不止此。

他不以爲然道：「那些神棍沒等最後一個人給他（她）磕完頭是不會走人的。」

他這句話說得可是「絕」透了。

張開基說過：「愚昧的人以爲有救世主，懦弱的人期望有救世主，最可悲的人是浪費自己一生假扮救世主。」

《看神聽鬼》出版後，不少人找上我，希望我能代他們揭穿某某神棍。我告訴他們金光黨死不了的最大原因是因爲人們的貪婪，同樣的，神棍永遠有他們的市場，因爲人們的愚昧與懦弱。

我沒作聲，在心中細細品味他這句話，想著古今中外各式各樣的救世主，到頭來全成了大魔頭。

他又問道：「妳接下來要做什麼？」

我說：「多賺些錢，支持希望工程。」

他更不以爲然說：「妳眞是多管閒事，又去干涉人家的因果，妳知道什麼樣的人會生在非洲那些落後地區嗎？他們都是前世作孽多端，活該生在那些地方，妳要再這麼做，妳來世會投胎到那種地方。」

我本想反駁他，照他這麼說，有史以來想解除人類痛苦的，無論是從精神面或物質面的大哲學家、大科學家、大宗教家如釋迦牟尼、耶穌、牛頓、愛因斯坦等人都該投胎到非洲落後地區。所以那些戰亂頻繁、飢餓、瘟疫、愛滋病流行的地區是兩種人投胎之所，一是曾試圖拯救人類痛苦的；當然包括德蕾莎修女、葉由根神父、杏林子。一是前世造孽多端的人，如希特勒、史達林、毛澤東。

看來蘇東坡還說對了：「夷齊、盜跖俱亡羊。」

好人、壞人原來是殊途同歸的。

無怪乎希臘神話中盜天火拯救人類的克羅米修斯要被宙斯懲罰，將他掛在高加索山上，讓禿鷹白天啄食他的五臟六腑，晚上又讓他的身體癒合，讓他求生不得，求死不能。大魔頭的下場都沒他慘，只因他的「一念之仁」。

我心想：你這是什麼狗屁話，你抹殺了人類一切的努力，難道人只因畏因果便什麼事都不做，每天吃喝拉撒等死？那你爲何又做醫生呢？醫生是最干涉人因果的行業，比我這做老師的還糟糕。

中國版的諾亞方舟

不等我反譏他，突然進來了十多個人，有男有女，其中一個女的叫他乾爹。

我正一肚子大便想發作，不料進來這些人，心想，且按捺不動，看看有什麼好戲在後頭。

這群人來了後，大家閒聊一陣子。叫他乾爹的那位女士說：「這次選舉，王××到處去助選。」

我聽了後說：「王××是不是住北平東路的。」

她意外道：「是呀！妳認識他？」

「我踢過他的館，」我不懷好意說：「他是騙死人不償命的算命仙，還敢要高價。」

×醫師一聽我認識此人便生了戒心，於是說：「我來畫畫。」

他叫助理擺下顏料、紙張便開始大筆揮灑起來。由於他的動作太大，我們大家得拿長布圍成一圈，以免濺得到處都是。

他作畫用左手。據說他不通靈時不會畫畫，通靈時運筆如飛，不過他的畫實在不怎麼高明，當然，他的畫只是傳達靈界的消息。

他一面畫一面說些老舊的道德教訓，那群人也嘻嘻哈哈地應和著。其中一位頭髮有些花白的中年男士，每當我與他目光接觸，他便頷首微笑，我也跟他點點頭，以回報他的善意。

×醫生畫得興起，旁邊觀畫的也都拍手叫好來湊他的興，說實話，我對他的指導靈傳遞的信息不感興趣，因爲多是陳腔濫調的教訓。

他說他這裡時常降壇的有濟公、觀世音和三太子。他還說今天的來者說她是兩千多年前天上的老尼姑，當然就是觀世音了。

我好奇，兩千多年前中國還沒有佛教呢，更有趣的是來者不斷提到的人名、書名全是春秋時代的：如《爾雅》（中國第一本字典，成書年代與孔子同時。）這位女尼自稱與《爾雅》同時。

偏偏這位×醫師的國學素養甚差，他根本不識《爾雅》爲何物。

他終於畫盡興了，傳達的消息是二〇〇六年台灣要變天，觀世音要救衆，開出一條船，有緣的人可以上船，而他的任務是找更多的人上船。

中國版的諾亞方舟？

畫到最後，他畫了一支荷花，題的字是「赤誠無我自在生」，下面註明「季青」，說是給我的。

我本沒注意到他連我名字都寫錯，回家以後才發現的。

打掉五百年修行

畫完畫，大家又回到大方桌前圍坐。

這時，他開始天語解讀，他以英文拼出天語，他的助手便去查字典翻成中文。

由於透過兩道手續，翻出來的又是支離破碎，語意不連貫，我很懷疑他傳達的信息有多少是準確的，搞不好他完全弄擰意思。

信息大意是我前世晚上還不錯，會給人加持，但白天經常喝得爛醉。

我說：「我是滴酒不沾的，因爲一喝便起酒疹。」

他說：「當然，妳前世喝多了，這世被罰不會喝酒。」

我說：「我不好色，對男女之事興趣不大。」

他說：「妳前世好色胡搞，這世自然沒得搞。」

我自我調侃說：「我常對人說我是天閹的，看來還眞是天閹的。」

他不理我的碴說：「妳知道妳這世爲何是女的？」

「不知道。」

「妳就是前世不守清規，才被打掉五百年修行，變成女的。」

他不講這話倒也罷了，他一講這話便洩了底，原來是個嚴重的性別歧視者。就算這些話不是出自他口中，而是他所謂的「觀音」，那這個觀音也是個自相矛盾的混球。

自己都以女相示衆，還歧視女人。我常說：「只要沒有平權意識者，都是沒成道的。」如果不是女人負擔生育重任，女人怎會落爲第二性？這些高僧大德哪個不是從女人肚子生出來，女人要是不肯生育，有誰能生生世世轉世，最後修成正果？

借女人肚子成道，還反過來給女人扣帽子，說女人業障重，無法立地成佛，十分可惡。

許多人問我前世是男是女，我說大多世是男的，就因我做男人做得頂天立地，所以這世賞我做女的。

現在的主流宗教全是父權社會的產物，不論教義、儀式，充滿了性別歧視。女人還想在這些宗教中找救贖，無異是作踐自己，別人作踐我們還可以反抗，自我作踐，便沒救藥。

這時，他又提到「子由」兩個字，他說他不知道這是什麼意思，我便說：「子由是孔子學生，在衛國做官，後因政變而遭亂箭射死，死前還將自己的帽子戴好以正衣冠……。」

他說：「妳看妳就是這種人，死到臨頭還正什麼衣冠，……。」

我說：「那是做爲士的尊嚴。」

他開始批評我「自我」意識太強，做什麼都以「我」爲出發點，如果我不能拋棄「自我」，我永遠也修不成正果。

我差點要反駁他說：「釋迦出生七日便一手指天一手指地說『天上地下唯我獨尊』，這又做何解釋？」

還不等我反駁，旁邊有位年輕女士吐糟道：「×醫師！你一直強調不要自我，可是你句句話都是我怎麼怎麼樣，我怎麼怎麼樣，你的自我這麼重，還要說別人。」

×醫師有點老臉掛不住便岔開話題。

這時，那位向我示好的中年男士開口道：「施老師，我有詩要給妳。」

九轉凡胎斷青絲？

其他人紛紛嚷道：「泰德（Tad）！太不公平了吧！我們認識你這麼久，你都沒寫過詩給我們，你今天第一次見施老師便寫詩給她……。」

他笑笑不回答，隨手便寫出來：

九轉凡胎斷青絲　愛恨無明何處起
佛塔清幽好自在　仙雲紅雀喜捎來
如今回首當前事　哈哈一笑渡蒼生
去去逍遙牽明志　斷念悟心無所能
善哉善哉施寄青　文殊普賢侍中尊
莫莫莫道言眞信

我看了後問他說：「九轉凡胎斷青絲是什麼意思？」

他說：「妳曾九世出家，但都沒有修成正果。」

「爲什麼？」

「看不破情關。」

「是嗎？」我納悶道，搞了半天，我還是個多情種子，九世都勘不破「情」字。果眞這樣，我可眞是「性情中人」。正如西晉王衍說的：「太上忘情，下不及情，情之所鍾，正在我輩。」

人之可貴正在於「有情」，人若無「情」，連畜牲也不如，又有何可取之處。

不過我很懷疑我曾九世出家，果眞如此，我這世談起佛經來，應頭頭是道，偏偏聖經、可蘭經我都看得下去，卻看不下佛經，因爲太多音譯，看得人十分辛苦。

兒子看看手錶，已是晚上十二點多了，他暗示我走人，我們便起身告辭。其中一位女士追上來，給了我泰德的名片，小聲說：「歡迎施老師到我們那裡去坐坐。」

我收下名片點頭示意。經過功德箱，要兒子投入兩千元，做爲我們問事的費用。

業障重亦福報大？

在回程車中，母子兩人沉默許久，兒子隨即諷刺道：「妳還在書中罵××活佛貪杯好酒又好色，搞了半天，妳前世比他更過份。」

我被他修理得老臉掛不住反駁道：「你相信他的鬼話嗎？我問你，法官、警察犯案是否要加重量刑？因爲他們知法犯法，前世我身爲紅衣大喇嘛，犯了各種戒律，早該投生到畜牲道了，要不然也該投生到落後地區，受盡折磨，竟然投生到台灣，年經時貌美如花，年老時智慧如海（這當然是自吹自擂），還被封爲台灣婦運教母，中國五千年來，有幾個女人像我一樣不靠男人能將一生發揮得淋漓盡致，連武則天也得靠狐媚惑主，從唐太宗的床上跨到唐高宗的床上，最後才得稱帝。現代女人，只要有學歷、有能力，海闊天空任遨遊，何需屈身於男人。」

兒子笑道：「他把愛因斯坦、牛頓貶得一文不值，沒有他們，我們人類能過上如此文明的生活？還虧他做過醫生，竟講出如此沒見識的話。」

我嘆息道：「問題是他還繼續妖言惑衆，他所有的話都是自相矛盾，他坐飛機到美國，他在台北開汽車，他住在有空調的房子，他使用所有科學家發明的東西，受惠於他們，反過來批評他們無知，他才是天下第一等無知的人。」

第二天，我自然打電話向張開基抱怨他介紹的人，他也很意外，因爲當年他認識×醫師時，覺得×醫師是個術德兼備的人，不意如今已走火入魔了，這也再度印證他的觀察——甚少通靈人有善終的，一旦名利雙收，徒衆跟隨者日衆，甚少不貢高我慢，到後來，好靈走了，壞靈趁虛而入，還不自知。

從他身上可得另一教訓，不斂財的通靈者未必不是禍害，由於他自認道德高尚，盡拿些不合時宜，矛盾百出的教訓來訓人，被訓的若無分辨能力，受害更深。

錯把馮京當馬涼

過了幾天後，我翻看從他那兒帶回來的畫以及他助理寫下的解說，這才發現，他（或是他的靈）根本不識我是誰，連我的名字都寫錯，寫成「季青」，而「子由」原來是「子游」，此「由」非彼「游」也。

子游是孔子晚年的弟子，嫻習詩書禮樂文章，而且是個教育家，能行禮樂之教，論語記載孔子到他做縣長的武城，聞弦歌不綴，便開他玩笑說：「割雞何必用牛刀？」子游回答說：「君子學道則愛人，小人學道則易使也。」孔子說：「學生們，他的話是對的，我剛才是跟他開玩笑。」

孔子認爲禮樂大道是用來治國平天下的，而子游以禮樂來治理一個小小縣城。但子游認爲應該從基層做起，換言之，子游比孔子還務實，不唱高調。

他的指導靈若拿我與子游類比，倒也很符合我這一生的爲人和職業。問題是祂找這麼一個見識鄙陋的人來當代言人，這個指導靈的ＩＱ有問題。所幸我是國文老師，還不致於錯把「馮京」當「馬涼」，換上別人，早被他誤導了。

第三章 彩虹講堂

過了幾天，我因事上台北，辦完事後決定找上泰德的彩虹講堂，接電話的人一聽我聲音便很驚喜道：「是施老師打來。」後來我才知道，他們在兩天前便知道我會來。

我一落座便開門見山問他的學歷，他不以爲忤的告訴我他大學唸食品科學，也是輔大宗教研究所的碩士。我問他爲何要唸宗教研究所，他說他想求道，看是否會碰見一些能給他指點啓發的人。

我問他對×醫師有什麼看法，他說他不認同他講的道理，通靈人跟電腦一樣都需要升級。

我說：「就像當老師，有人照本宣科三、四十年，直到退休爲止，自己從不長進，又如何能啓發學生，而這種老師爲數還不少，當了一輩子老師，從未有自己的見地和體會。」

他要我猜猜他通的是什麼靈，因我告訴他，×醫師通的靈應是跟孔子同時代的人，因爲祂動不動便拿孔子時代的人來比喻。

我說：「你通的靈應是外國的而非中國的。」

他笑道：「妳答對了，那麼是古代還是現代？」

我說：「現代，因爲你的觀念很新。」

他搖頭道：「不是，是古埃及的女祭司。」

他問我要了生辰八字後，便用電腦列印出一張全是數字的表，開始以表上的數字，他稱之爲生命祕數的來解讀我的一生。

我問他上次給我那首詩中說我曾九世剃髮出家，結果都半途而廢，原因是勘不破情關。

他說他要修正一下，也許並非勘不破情關而是從佛經中找不到我要的東西。

我說：「倒是×醫師說過我前世修行時，總是與我師父辯論，經常別人是破門而入而我是破門而出。」

他苦笑道：「其實我那天寫詩給妳，犯了×醫師的大忌，他最不喜歡有人在他的場子來這一套，這等於是鬧場。」

我說：「你一定看不下去他胡扯才這麼做的。我要前世眞是個貪杯好酒又好色的神棍也不錯，我對做好人已感到十分膩了。他還以爲他這麼說會修理到我，他不知道這個角色正中我懷。」

他說：「妳大約在三年前便開始改變角色，妳以前是正經八百地從事婦運，三年前便改變戲路，以搞笑的方式來推動妳的理念。」

「沒錯，我穿泳裝挑戰維納斯，其實，更早前，我在選總統時還扮過瑪丹娜、媽祖，不過扮像更像武則天。我的婦運同道王清峰律師說我是以犧牲色相來推展理念。」

他問道：「妳是否以爲妳的婦運是靠一己之力完成的？」

「我沒那麼自以爲了不起，獨木難成林，我與許多姊妹一同打拚的結果，其實到現在革命尚未成功，同志仍須努力。」我感慨道：「只是我已無意再搞運動，因爲形勢已變。」

「妳一生有三次大轉變，年輕時是一種想法，中年爲之一變，晚年妳會以遊戲人間方式與人結緣。妳的婦運應該說是不可能的任務，但在靈界不少高靈欣賞妳，所以祂們在幫助妳。」

「我肯定有靈界，但我一生行事爲人皆抱持求人不如求己的態度，我不認爲求神拜佛有什麼益處，但我知道得道多助的道理。」我說完後發現我要補充一下便說：「不過我的直覺很強，每次出招都是打蛇打在七吋上，有時看來是誤打，結果還是正著，我自小不怕鬼，但也不會故意去欺鬼神。這一生，凡是扯我後腿的似乎都沒好下場，我自己從不報復人，因爲我沒那個心機和時間。絕大多數人不看好我的下場，認爲我不是壯烈成仁，便是窮困潦倒。不料我老了能夠優游林泉，有兒子們孝養我。而我當初的主張：修法及平權教育，雖不令人滿意，但至少還有結果，我還以爲我會像孫文一樣壯志未酬身先死。當然我很早便決定絕不做鞠躬盡瘁，死而後已的人，不管運動成不成功，我都會鞠躬下台，因爲我已努力過，謀事在人，成事在天。」

我是幸運者

前塵往事一一浮上心頭，不禁感慨萬千。

我必須承認，儘管我大半生都很辛苦，但苦的有代價，歷史上及現實中，有太多比我更有理想作爲的人，結局都很辛酸。

別人不說，以我父親而言，他一生都希望能光宗耀祖，能忠孝雙全，結果卻是豬八戒照鏡子，裡外不是人。他辜負了所有與他有親密關係的人。

在封建社會中，忠君愛國的思想深中人心，叛將降臣不問理由爲何，一律被貶得一文不值，從來沒有人從另外的角度去看待這事。

叛將降臣減少了多少生靈塗炭？中國歷史上有多少值得效忠的君王和朝代？屈指可數。

史可法死守揚州，結果揚州城的百姓被屠殺殆盡，他的氣節建立在別人的犧牲上，值得歌頌嗎？明朝哪個皇帝不昏庸至極？哪個不是刻薄寡恩？相較之下，清初三帝可眞是仁聖之君。如其效忠昏君，只因他們是漢人，不如效忠賢君，管他是不是異族，誠如鄧小平的名言：黑貓白貓，只要會抓老鼠都是好貓。偏中國知識份子中封建之毒太深，包括父親在內，最後成了可笑亦復可悲的人。

當年孩子唸書需要大筆的錢，偏我財運奇佳，房子賣在最高價，股票上萬點時，在朋友指點下，竟也賺了一大票，(自此我再也沒玩過股票)。否則我哪有能力收拾前夫留下的爛攤子。

我是該謝天的。

泰德給我的建議是晚年不要再咄咄逼人，該像伊索寓言中「太陽與風」故事中的太陽，讓人自然脫下外套，而非以強力介入，結果行人不僅不脫外套，反而抓得更緊。

說實話，無論是做太陽或風，我的興趣都不大。至於佯狂裝癲，我沒濟公的本事，但能活得自在些，不爲俗事困擾，不爲小事抓狂，多一點心平氣和，少一點憤世嫉俗，對我而言，已是難能可貴了。

初識生命祕數

我問他這套算命法從何而來，他說來自古希臘的畢德格拉斯（畢氏定理的發明人）。

「原來報章雜誌上常登的××星座的幸運數字是××之類的東西還是一套祕法？」

「我們這套與報上常登的數字算命不一樣，我們的比較複雜。我們認爲人的生命劇情來自靈魂對認識自身的渴望，在生命的渾沌中存著莫名的秩序，雖然夾雜著神祕的變數，生命總是可以做選擇與自由創造。我們開課程，教給人們如何透過簡單的數字定義與計算，了悟並掌握自己神聖的生命藍圖。」他說明道。

「類似塔羅牌？不過在我看來，你們解讀的語言是文學的而非科學的，因此這種解讀方式是自由心證，你若不通靈，不管是預測當事人的心性或未來或說中對方過去事的可能性不高，換言之，你決無法料事如神。」我不以爲然道。

他並未辯解，由於他未看過我的《看神聽鬼》一書，因此並不清楚我書中所提的通靈者。

「我書中提到的小慶，她以八字爲人算命，被算的人都說她算得神準，她還教過別人算命，同一套工具，到別人手中便失靈。後來我直接指出她因通靈才可能算得讓當事人嘖嘖稱奇，她原本不知道她特殊的感應力是所謂通靈，直到她看了蔡伶姬的書，才知自己是怎麼回事。」

他對我的話不置可否。

我突然想起一事說：「我最近看了奧修的書，我發現我們兩人很多論調不謀而合，我在寫《看神聽鬼》前並未看過他的東西，否則我會以爲我那些想法是拾他的牙慧。」

泰德笑道：「不錯！你們兩人是隔壁班，但不完全像。」

日後我看了奧修更多的著作後，發現泰德的評論十分正確。

泰德依我生命數字解讀出的東西十分準確，他看我決非從表面，對我沒有刻板印象，所以他是眞通靈。

我是一個好試紙，因我是公衆人物，而且色彩鮮明，大多數人如沒看過我的作品、聽過我的演講，便直覺我是大女人，所以不通靈、道行不高的算命師在爲我算命時，得出的結論絕對是十分表象。我根據這點便可知他（她）是胡謅，還是眞有兩下子。

由於他要上課，所以請我到裡面房間，與其他幾位通靈者聊聊。

靈異經驗初體驗

其中一位三十出頭的女士看了我手上的生命數字表說：「施老師還有三年時間。」

我說：「妳是說我再過三年便會向閻王報到？」

「不是！我是說妳目前這種悠閒的日子還有三年。」

「哦！台灣要變天了？一旦改朝換代，我的退休俸沒了，老了就受罪了。」我半調侃道。

「我不知道會不會變天，我只是針對妳生命數字表所顯示的這麼說。」

「我知道，有人跟妳說過同樣的話。」

「是嗎？」

「是我書中的小慶，她說三年還包括過去這一年，事實上，只剩兩年了，不過我認爲人有自由意志，我可以選擇我要過什麼樣的生活。」我堅持道。

她沒跟我爭辯只是突然問道：「施老師，妳應有靈異經驗吧？」

「我不通靈，我也看不到或感應不到那些有的沒的，不過……不知道這算不算靈異經驗，因爲我一直在懷疑，搞不好是我自己的幻覺。」我欲言又止道。

「可以說來聽聽嗎？」

「一天晚上半夜三更，我看見一個身穿白色衣褲的人從樓梯走下來，走到我書房的書架前，我的書房與臥房只一牆之隔，牆的一面是書架，另一面是壁櫥。臥房的門正好可以看到樓梯，我以爲是我兒子到書房來找書，我很好奇他半夜三更下來做什麼，本想叫他，繼之一想，先按兵不動看他搞什麼鬼再說，過了好一會，不見他回去，書房也沒動靜，於是我起床，走進書房，半個人影也無，於是我悄悄上樓，到他房間查看，人還未進他房間，只聽到鼾聲大作（他鼻子過敏），輕輕推開房門，只見他面朝裡，睡得十分沉，想來他不可能剛才到過書房。我只好告訴自己，我大約是作夢或是幻覺。

「過了幾天，我要找方×的遺物，她生前曾拿過不少控訴××活佛性騷擾她的資料來找我，要我替她討公道，我看了她的東西，發現我也無能爲力，因爲性騷擾的案件往往是羅生門，我當然相信她的話，因爲××活佛本來就是個聲名狼藉的神棍，騙死人不償命的。我退休後，搬到苗栗山區，把她的東西也帶上山，我原以爲她的遺物放在檔案櫃中，卻遍尋無著，突然靈機一動，想起那天晚上來的可能是她，便到她站的地方尋去，果然放在書架底層與一些精裝書放一塊。

「不過我不知道她是否眞的來過，還是我的幻覺。」

她說：「我可以進到妳當時的時空，」她停了半晌說：「她的肩頭很厚，脖子粗短，頭髮像學生頭，不過是燙大捲的，她身材不高，比較胖，身穿白色衣、褲，下樓不是直接走下去，而是每下一階，先停個五秒鐘再下去是嗎？」

「對！對！妳形容的樣子正是她，她年輕時很美，老了跟我一樣發福了，我現在減肥成功，否則體型跟她一樣。她確實是輕手輕腳下來，但我沒看到她的臉。」

「施老師，以我的年紀，我是不認識方×的。」

「我知道，她跟我同年，曾經是個紅歌星，幾次遇人不淑，最後自殺而死。她來做什麼？」

「她沒有惡意，她知道妳要做什麼，所以來告訴妳她的資料放在哪。」

我怔了很久說：「這麼說來我是眞見鬼了？我這生從未見過鬼，在我未經歷過靈異之旅前，我一直認爲見鬼是當事人內心恐懼的投射，所謂疑心生暗鬼。現在我知道有靈界存在，神鬼都是一種靈或能量。」

她沒理會我的話只說：「妳的脊椎及骨骼毛病多，妳要好好調理妳的身體，因爲妳只有這三年的時間休養生息，小慶說得不錯，這三年還包括去年一年。」

「我的脊椎才開過刀一個月，我的毛病多出在骨骼上。」

她算完後，我又與其他人聊天，不過大多是我在說，其他人在聽，我告訴他們我過去一年多的靈異經驗。

與他們告別後，已是半夜三點了。內心充滿了如夢似幻的詭異感覺。

靈異座談會

舊曆年前，大塊應我的要求，辦了北、中、南三場有關靈異的座談，不知是場地選得不好，宣傳不力，還是另有其他原因，來聽講的人並不多，場面出我意料的冷清。

事實上，出書後，一堆人打電話到出版社，我書中提到的通靈者，都接電話接到手軟，他們的道壇或家中可說是戶限爲穿。更有不少人要求跟我見面或寫信給我。

有太多的人，有太多的問題，所以我才要求辦三場演講，以回答大家的問題。

在高雄那場，蔡伶姬不請自來，坐在聽衆席上，等我們講完後，她要求補充說明，我的心態是開放的，通靈與靈界的訊息不明，我們所知的不過是一鱗半爪，若有更多通靈人願現身說法，或對這方面有研究的人願提供心得，搞不好，這張靈異拼圖就可完成，大家也會搞清楚是怎麼一回事。

因此，我對她的現身不但不以爲忤，還很歡迎，我並不認爲她是來鬧場，但張開基卻認爲她居心叵測，一直問我她來做什麼？

由於我知張對她沒好感，也不便多說什麼。

第四章　斷腰菩薩

舊曆年除夕在山上與鄰居們共同守歲，吃年夜飯。這是我第二次與鄰居們圍爐，十分開心。吃過年夜飯後，我帶著各種煙火，到陳家的空地去放，煙火在夜空中璀璨的亮著，我愛放鞭炮、煙火，不過是想回味童年時過年的光景。

望著夜空中如星雨的煙火，回想這一年來的點點滴滴，特別是經歷這一趟靈異之旅後，對心靈的洗滌和靜化有莫大的助益，所以我是滿心歡喜與感謝。

初四小慶打電話來說他們夫婦初五要請我吃飯。於是我們有了初五之約。

在這之前，小慶曾打電話來說她最近會看人因果，拿她周圍的人來實驗，竟然頗爲準確。

張開基對蔡伶姬以調人因果來爲人輔導一事十分不贊成，理由是每個人都經歷過好幾十甚至幾百世，怎能拿一世因果，甚至一個畫面或意念來解讀整個人生，難道不會出錯嗎？

他反對的另一個理由是因果輪迴法則是慈悲的，絕不是蔡伶姬說的睚眥必報，他更反對以債權債務來解釋所有的人際關係，難道除了債權債務之外，人沒有眞正的情愛嗎？

我認爲蔡把因果說得這麼嚴重不過是要人爲人做事心存善念，俯仰無愧，暗室不欺，亦是用心良苦，但這種恐嚇當然會有後遺症。

不過話說回來，有智慧的自然知所取捨，無明的，不論是恐嚇或是循循善誘，他們不是斷章取義便是聽之藐藐，拿他們一點辦法也沒有。

無怪乎愚民政策，神道設教永遠行得通。

我委婉勸小慶不要隨便給人說因果，除非對方有慧根，不以因果爲藉口，只當參考之用。

她說她會很小心處理這事。

初五見面酒足飯飽之後，我便試她說：「妳第一次跟我談通靈時說妳是站我旁邊的人，還說我會不愛聽妳說的話，因此妳不會說，那麼我們兩人有何因果？」

「我們今天很早便來了，我心中有個意念，我要送施媽一本書，施媽看了便明白是怎麼回事。剛巧餐廳旁邊便是誠品書店，我一進書店便說，這麼多書要如何找，請指引我找到，我很快便找到了，現在我叫××（我的學生，小慶的丈夫）去買。」

不一會書便買來，我一打開包裝，原來是《文殊菩薩小百科》，翻開第一頁的標題是：文殊菩薩是佛教中的麻辣鮮師。

我皺皺眉頭說：「我是文殊菩薩轉世？……」

小慶笑道：「我知道施媽不愛聽這些話，先不管妳是誰，先說我是誰。」

「那麼妳是誰？」我好奇道。

飛天情結

「我前世是一座廟裡壁上畫的飛天，由於那座廟已荒廢，所以我全身都剝落了，只剩下一張臉，一天，來了一個書生，這個書生便是××（我學生的前世），他一眼便看見這個飛天，而且覺得這個飛天的臉奇美，便發願中科舉後要爲這個飛天重繪彩身，後來他中了舉人，便來還願。

「每當我跟別人講這個故事，別人總愛問我說他爲何不中進士？但他的才能只能中舉呀！當我知道我們兩人的因果後，我很受感動，無怪乎××如此細心照顧我。

「也因我前世全身剝落，所以我這世所有的毛病都出在骨骼，最近給一位中醫看，他看了我全身關節無一處完好，認爲我能活到現在，眞是奇蹟，我有類風濕性關節炎，問題很嚴重，所以身體不好。

「我這世雖長相平平，但因前世貌美，所以心中老以爲自己是美女。別人坐飛機都會擔心墜機或意外，我不但不擔心，每當飛機起飛時，我就興奮的要掉眼淚，所以我很愛旅行。

「現在要說我跟施媽的關係，廟裡供的是一尊泥塑的文殊菩薩，但因廟已荒廢，所以菩薩的四肢和腰都斷了，因此施媽這世要非常小心妳的骨骼，千萬不能再跌斷腿。」

我退休前一年，左腳腳踝骨折，修養了近一個月，直到現在還有後遺症。

「那麼我就是那個泥菩薩？」我不禁好笑道。平日兒子常譏諷我是泥菩薩，自身難保還想救人，不料我還眞是個泥菩薩。

「我是不太懂佛教的，文殊頭上好像有五個寶珠，代表智慧、慈悲等，是祂的五個『識』，妳是其中一個，妳太急功好義，往往不等全體行動，便先採取行動，因爲妳性子十分急躁，而我是妳的信使，理應代妳去探訪民間疾苦，但因我太好玩，常報給妳錯誤的信息，使妳救錯人，沒救到好人，反而救了壞人，所以當地的老百姓很火妳，覺得妳的廟不靈，香火愈來愈少，最後便荒廢了。這要怪我太貪玩，沒有好好探求民瘼，給了妳錯誤的信息。」

「哦！」我一時不知該如何反應，只好自嘲道：「我兒子常說我是泥菩薩過江，自身難保，不料我前世還眞是泥菩薩。」

「由於廟荒廢了，妳的塑身因年久失修而斷裂，所以妳這世骨骼不好，妳的問題全出在骨骼的毛病，妳從現在起要非常小心妳的腳，不能再跌斷了，妳的腰也不好，因爲那世妳的腰也斷了。」

「我在去年十一月下旬才去長庚開刀，清除凸出的椎間盤，開了三個多小時，手術後要大半年才會改善，醫生警告我不可再拔草，要與我的脊椎和平共處。我大約從四十歲起脊椎便有問題，因我長期伏案寫作，再加上長期站著教書、演講，算是職業病吧！我什麼都做過，復健、針灸、整脊、整骨、拔罐、游泳，希望能避開手術，最後仍免不了這一刀，因爲椎間盤突出長期壓迫神經，整條左腿又痠又麻，晚上輾轉反側，無法入睡，這兩、三年若不是靠謝醫師的針灸和照射頻譜儀，我全身上下骨骼的痠痛，讓我都想一死百了，我一生好強，無法忍受病痛，如其病病歪歪，不如早死早超生，病情令我十分沮喪。唉！我不但是個泥菩薩，還是個斷腰的菩薩。」我跟小慶吐苦水。

「所以施媽要好好保養妳的骨骼，因爲妳會很長壽，要是每天這裡痛、那裡痛，妳的晚年會活得很辛苦。」

「我可不希望像蔣夫人那樣，活那麼老有啥意思？不要搞到壽星老兒上吊，活得不耐煩。」

「這也由不得妳，施媽千萬不要這麼說。」

「那我還可以問其他的事嗎？」我好奇道。

「施媽要問什麼？」

印地安小子 vs. 達文西

「我那兩個兒子跟我前世是什麼關係？」

「妳大兒子前世是個歐洲人，跟哥白尼（AD 1473-1543）是同時代的人，他那世便是個藝術家，不過他不只是藝術家，他也精通建築、工程等……。」

「他總不會是達文西（AD 1452-1519）吧？」

「他痛恨教廷迫害哥白尼，因此故意在畫教堂壁畫時，把太陽畫成宇宙中心，地球繞太陽，說不定，妳現在去歐洲還會看到他的作品。」

「我大兒子沒來由的痛恨天主教、基督教，絕不肯進教堂，我還跟他開玩笑說，搞不好他前世是西班牙人，異端裁判給火燒死，所以他才打死也不進教堂。」我若有所悟道。

「他當時很聰明，不會公開反對教廷，所以他並未被燒死，他只是暗中反對教廷。」

「我不知道妳說的前世是否是眞的，但他對基督教素無好感，他父親和繼母送他們兄弟到英國國教會辦的學校讀書，他苦求他父親讓他去唸南非的公立學校，他父親和繼母偏要跟他過不去，死也不肯給他轉學，最後引發他的精神官能症。

「他只要一進學校便想拉肚子，一聽唱聖詩便要跑廁所，偏偏那些神父修女不准他離席，以爲他要搗蛋。他告訴他父親他快要失控（out of control），他父親當成耳邊風，最後才跟老師達成協議，坐在教室最後一排靠門的位置，只要他肚子不對勁，可以悄悄出去上廁所，即便這樣，他在教會學校上課如坐針氈，最後跟繼母爆發嚴重的衝突，兄弟兩人才投奔我，由我安排去美國讀書。

「他在讀大學時，每週都去看精神科醫生，醫生告訴他，就算日後官能症的毛病好了，他的腸胃蠕動因爲長期不正常，也很難正常，永遠處在緊張狀態。我不知道他爲何會對基督教如此反感，他對於去歐洲旅行也沒興趣，因爲去歐洲旅行都是參觀教堂，左一個教堂，右一個教堂，有什麼好看的。

「我曾在聖誕節時邀他到教堂聽聖樂，他一口回絕，我告訴他坐在教堂中，會給人一種靜謐感，他不以爲然。我原以爲他將青春期與父親和繼母不愉快的生活經驗投射在教堂，現在看來，他對教堂沒來由的惡感還是因前世的經驗。」

小慶說：「我並不知道這些事。」

我說：「妳當然不知道，我一直以爲他對教堂的反感來自他不愉快的家庭生活。」

小慶也不知如何回答我的話。

「我小兒子呢？」

「妳小兒子前世是個美國印地安酋長的小兒子，自小過著很孤獨的生活，原因是他喜跟白人打交道，他不明白人類爲何因膚色不同便要爲敵，族人都認爲他是叛徒，他長大後做通譯，消除了不少印地安人與白人的紛爭，晚年成了牧師，宣講他的和平主義。」

「哦，我小兒子從未讀過聖經，但我只要提起聖經故事或經義，他都能舉一反三，他從小便樂於助人，我記得很清楚，有一次，我帶他們兄弟跟同事的兩個女兒到國父紀念館玩，同事的小女兒鞋帶鬆了，他立刻蹲下去幫她把鞋帶繫好，他富有同情心，爲人不自私，喜與人爲善。」

事後，我告訴小兒子他前世是印地安人，他半開玩笑說：「妳不是說我前世是偷襲珍珠港的日本人嗎？所以這世生爲美國人，但樣子像日本人，只要我不開口，連日本人都以爲我是日裔美人。」

我問小慶說：「他們兩人跟我這個泥菩薩怎麼會結緣？」

小慶說：「這世他們的願望便是要一個像妳這樣的母親。」

「別開玩笑了！我看他們是來討債的，到今天，我還得支持他們創業，支持他們的理想，搞得我自己累得半死。」我抱怨道。

「施媽！別這麼說，這也是妳的理想呀！妳不是希望更多的小孩在小時候便接觸一些人道關懷的思想嗎？透過他們的動畫和現代傳播工具，妳的理想才有實現的可能。」小慶溫婉的說。

我確實不斷灌輸我的兒子們，他們除了賺錢外，還要有超乎賺錢的動機，否則人生不會精采。特別是到了晚年，不會有海闊天空的喜悅。

「我可以再問嗎？」我得寸進尺道。

「好呀！」

「我的鄰居陳家夫婦跟我前世是什麼關係？」

「他們前世也是夫妻，而且是熱心公益的人，他們眼看這座廟破落了，地方上失去了信仰中心，便發動村民，集資重塑妳的金身，才使這座廟恢復生機。」

「搞了半天，他們兩人是我的債權人，我這世也承蒙他們照顧，這下，我欠他們可多了。」

「但施媽在精神上給他們很大的啓蒙。」

陳先生常說我改造了他的思想，不過我可不敢居功，我認爲是他開悟的時機到了而已，倒是他們夫婦是我這生少見的忠厚人，熱心助人，樂善好施。

我問小慶我弟弟和妹妹跟我的關係。小慶說因她沒看過我妹妹，所以無法感應，至於我弟弟，她不方便說。但我前世曾救他一命，他因不見容於村人，最後到外地謀生，賺了錢後，回鄉拿出一些錢，響應陳家夫婦的呼籲，爲我重塑金身。

我又問了其他人，因爲事關個人隱私，不方便在此敍述，但這些人這世的行事爲人和個性，與他們前世十分相像。

前世因果的啓示

小慶在調閱前世因果時，給我的感覺一如蔡伶姬的座談會。雖說無法印證眞假，但對照當事人這世的行事爲人，十分貼切，這又如何解釋呢？

我曾問過泰德這個問題，他笑道：「確實是不可思議，要說通靈者信口開河或是瞎掰，對照今世，又有許多蛛絲馬跡可尋，這就是通靈者在調當事人前世時最耐人尋味的地方。」

我不知道我前世是否是個泥菩薩，但我這世的個性確實是很急躁，認人不清，識人不明，很容易被人誤導，常常所用非人，這些人不是扯我後腿，便是給我留下爛攤子，捅出大窟窿，讓我疲於奔命。

不少朋友冷眼旁觀我，都覺得我太容易相信別人，耳根子太軟，個性太慷慨。

但話說回來，我要對人性不抱持樂觀的態度，我這個社會工作怎麼做得下去？

我也不想因自己受騙多次而對人失去信心，我最後學會只要我能力所及，我還是盡力助人，至於對方若忘恩負義，我也不以爲意，反正每個人自作自受，自負因果，與我無關。

喜歡爾虞我詐，佔人便宜的人往往是缺乏自信的，我只能以悲憫之心看待他們，難道要跟他們計較嗎？那我不是蹧蹋自己的人生嗎？

《紅樓夢》上說得好：「機關算盡太聰明，反算了卿卿性命。」「金釧兒掉到井裡，是你的還是你的，不是你的就不是你的。」

弟弟曾問我這話是什麼意思。我解釋是金釧（金簪）是很小的東西，掉到深井中，要打撈不易，但那東西若是你的，再難打撈也會撿回來，要不是你的，就是把井掏乾也找不到。

現代麻辣鮮師

我做老師時最重視是培養學生獨立思辨的能力，而非他們能否考上台大醫科，台大電機、台大資訊工程。

功利的學生認爲我言不及義，只有少數欣賞我的學生知道我的用心。

我的另類言行，對學生而言，確實是麻辣鮮師。

無怪乎通靈者三少爺的濟公師父給我的批示是「人生四大樂，獨君多一喜。」換言之，我對世俗的功名利祿不重視，我只重視這一生一定要特立獨行，決不爲任何人所左右，也決不服膺不是我自己深有體會的價值觀或盲從於任何主義、宗教信仰。

我回去仔細閱讀小慶給我的《文殊菩薩小百科》一書，發現我的行事爲人確實很像祂。

佛教甚爲歧視女性，舍利佛說：「女身垢穢，非是法器，猶有五障……不得作梵天，帝釋、魔王、轉聖輪王、佛身。」文殊於是入海「娑竭羅龍宮」化爲八歲龍女，後發菩提心，終於修成正果，也讓衆生得見龍女成佛。換言之，祂證明給大家看，女人一樣可以成佛。祂是佛教界少有的性別平權者。

小慶給的《文殊菩薩小百科》中沒有這故事，想來作者不認爲男女平權重要，所以未將此意義重大的故事收錄進去。

文殊以行動來證明女人亦可立地成佛，駁斥佛教界的說法，女人要修五百世，先修成男身，才能修成正果的說法。對女人而言，這是何等重大的啓示。

小慶對佛教認識不深，當然不知道文殊是佛教中的女性主義者。連我也不知道，而是事後看了其他的書，才知這個故事。

民國初年，魯迅看到不少婦女跪在廟裡拜觀音、拜媽祖很感慨的說：「女人哪天才會覺悟到不是來祈求觀音媽祖保佑她們，而是自己要當觀音、媽祖。」

蘇東坡與佛印有次出遊，在杭州一座廟裡看到一個觀音手上拿著唸珠，蘇東坡好奇道：「觀音手上爲何會拿唸珠？」

佛印說：「求人不如求己呀！」

張開基說得好：「南亞大海嘯，死了三十多萬人，其中有回教徒、佛教徒、印度教徒、基督教徒……。最後來救援的是各國派出的救難隊、直升機，何曾看到觀世音、媽祖、基督、阿拉從天上下來救人？」

只有人類能救自己，誰能拯救人類？只要人肯發揮自己的佛性。甘乃迪的名言：「不要問你的國家能爲你做什麼，要問你能爲你的國家做什麼？」我將這話改動一下：「不要問神佛能爲你做什麼？要問你能爲衆生做什麼？」

每次經過大安森林公園，看到一些善男信女坐在楊英風雕塑的觀音像前跪拜乞求，不禁爲他們感到悲哀。

觀音、佛陀、基督不過是我們的好榜樣，「舜何人也？予何人也？有爲者亦若是。」我們該做的是效法祂們的精神而非爲個人的吉凶禍福去求祂們。

走火入魔的宗教

淨土宗之所以流行，因爲它的教義很簡單，宣稱只要每天唸阿彌陀佛，便能消業障，往生極樂。

天下哪有這麼便宜的事？只因魏晉南北朝是亂世，絕大多數的老百姓是文盲，佛教成了他們在亂世中唯一的慰藉，所以才有這種變通之道，只要唸佛，唸個幾十萬遍，便能脫離苦海，往生極樂。

任何宗教和教義的流行，一定有它的時代背景，怎能墨守成規，不知變通？今天台灣教育普及，大多數人可以自己看經典，享受科技昌明的生活，不思回饋社會，妄圖以唸佛號便能消業障，往生極樂，未免太自私自利。

奧修在《譚崔經典》中說得好：「有人問我要如何不欲求，因為這樣就會喜樂；人若不欲求就會感到自由；人若不欲求，就不會痛苦，因此人們渴望達到那種沒有痛苦的狀態，所以才會問要如何不欲求。這是頭腦在耍詭計，他們其實仍在欲求，只是現在客體改變了。原來欲求金錢，欲求名聲，欲求權力，而現在是欲求『不欲求』，不過是目標改變，他們的欲求仍是一樣，而他們的欲望變得更容易被誤導。」

因此欲求往生極樂和欲求名利同樣是欲望，捐錢給廟裡的動機依舊是充滿功利的，何曾超脫？

奧修又說：「傳教士說服了整個世界的人『你們是罪人』。唯有人們好被說服，否則他們的行業無法繼續。人們必須成為罪人，唯有如此，教會、廟宇和回教寺院才能夠繼續蓬勃。人們處於罪惡之中就是他們的成功。人們的罪惡感就是所有教會的基礎，罪惡感愈深，就有更多的教堂蓋得愈來愈高，它們建築在人們的罪惡感上，建築在人們的自卑感上。」

佛教如出一轍，專拿業障來嚇唬人，人們為了消業障，做功德，乖乖拿出錢來，於是台灣的廟愈建愈多，愈建愈大。

打開電視的宗教頻道，沒有一個不是在威脅利誘人，以原罪、業障來威脅人，以天堂、來世、福報來利誘人。

宗教的境界永遠停留在賣贖罪券的層次，如果起佛陀、基督於地下，祂們對自己的教義淪落到這麼粗鄙的層次，不知做何感想。

有一次，兒子在聽慧×法師講經，慧×說他反對大體捐贈，因爲人死後，十六小時內不能移動屍體，否則死者無法往生極樂。大體捐贈是菩薩道行，我們只是凡夫俗子，沒資格做這事，一旦遺體損毀，便不能往生。

我聽了後立刻開罵說：「不過是具臭皮囊，只爲了自己往生而不願嘉惠衆生，如此自私自利，能往生極樂？我就不姓施，眞是胡扯八道。今天大多數人死在醫院，人一死立刻被護理人員送到太平間，因爲有的是人在等床位，如何能十六小時不移動？」慧×還賣所謂的「往生被」，要信衆在家屬死後，蓋上往生被爲其唸經，死者便可往生極樂，又是一種斂財手法。台灣不少寺廟跟傳銷公司一樣，很會做生意，想出各種名目來讓信徒掏腰包。

時報出版社出過一本書《不過是具屍體》，作者是位記者，她到處採訪捐贈遺體的用處，人們都有刻板印象，以爲遺體捐贈，就是給醫學院學生解剖之用，事實上，在西方，醫學院用到的遺體只是一小部分。

很多汽車公司和飛機製造公司的研發部門，利用遺體來做撞擊實驗，汽車、飛機的安全性愈來愈高，皆拜這些遺體所賜，一具遺體可以嘉惠八千五百人。飛機和汽車公司每次的改進，可以讓更多人受惠。

警政單位利用遺體來做腐爛實驗，看屍體在某種環境下腐爛的程度，以及屍體周圍所產生的微生物、蛆等。因此之故，犯罪學、法醫學有長足的進步，可使更多壞人繩之於法。

遺體的用途可大了。更何況死了不論是土葬或火化，最後都歸於無有，佛教一再強調諸法空相，不生不滅、不垢不淨、不增不減，身爲法師，竟然連色身都看不破，還在電視上妖言惑衆，十分可惡。

南投埔里有個蓮華池生態研究中心，這是日據時代，日本人規畫的原始林，這一大片原始林有四百多年的歷史，一直維持它的原貌。

只可惜有關單位沒有遠見，在埔里人口還少時規畫出周邊的緩衝地帶。如今許多佛教團體看中這片原始林的茂密蒼翠，紛紛在其四周購置土地，打算建更大的道場，中台禪寺是其中之一，只可惜惟覺挺藍的結果，綠色執政自然不讓他開發。

但這位慧×法師一向是以台語佈道，當然是十分本土，就在中心附近建了一個美侖美奐的大道場。破壞生態莫甚於此。

什麼叫殺生？殺條魚、殺隻豬固然是殺生，破壞原始林內各種鳥類、動物、昆蟲的棲息地算不算殺生呢？

南投縣已成了全台灣最可悲的縣市，九二一地震不過是壓死駱駝身上的最後一根稻草。

南投有三多：檳榔樹多，所有的山從稜線到山腳全是檳榔樹；廟多，全縣有萬座廟；砂石車多，因爲土石流全淤積在河床上，縣政府開放採砂石，整個縣內道路上奔馳的全是砂石車，幾十輛大砂石車呼嘯而過，塵土滿天，噪音震耳欲聾。

南投的好山好水成了貪婪人士覬覦的目標，寺廟、檳榔、土石流將它全毀了，眞是「懷璧其罪」呀！

菩薩、羅漢俱往矣

誠如蔡伶姬說的，不少人來找她，說有通靈者說他們前世是菩薩、羅漢而沾沾自喜。蔡說前世是菩薩、羅漢又如何？這世不過是個凡夫俗子，又有什麼好誇口的？她說的不錯，前世是帝王將相又如何？這世不過是販夫走卒。其實即便這世是帝王將相又如何？如果不是活得俯仰無愧，不欺暗室，也是白活一世。

大多數的人愛誇口自己前世如何如何？似乎前世的殊榮可以庇蔭這世，甚至拉抬這世，卻不問自己這世活得開不開心，活得是否自在。

更有無恥的宗教界人士，自稱是彌勒佛轉世，大勢至菩薩轉世或某個佛的應身、化身，藉此招搖撞騙，追求名聞利養，按照佛教的說法，果眞是菩薩、佛陀轉世，只要被認出來，一定立刻走人，怎會留在世間團團轉，因爲「眞人不露相，露相非眞人。」

其實只要拿這些自稱「活佛」的人過的生活與釋迦牟尼相比，即可知眞假，現代的活佛、上師，哪個不是住廣廈高屋，出入名車，雖然吃素，吃的卻是山珍海味，身上袈裟亦是高級布料。他們哪有「佛心」，只有「貪心」而已。

好笑的是我前世是個自不量力又十分衝動的泥菩薩，照理說來，我既是菩薩只要開天眼，有何事能逃過我的法眼？何需小慶這個不稱職的飛天給我捎來錯誤的信息，讓我做出錯誤的判斷？小慶前世曾誤導我，誰知這世她調的因果是否又是錯誤的信息？

前世是泥菩薩，對我而言，反諷意味十足，因爲重點不是「菩薩」而是「泥」。我不會像一般人一樣，以自己前世是菩薩、羅漢而沾沾自喜，我還有點自知之明，小慶的指導靈只是很高明的點出我性格上的重大缺點，十分衝動，不明是非，輕信人言，不自量力，自以爲是……。

我是否該深切反省呢？

政客不是人

我開玩笑問她說：「我可不可以問政治人物的前世？」

她爲難道：「施媽要問誰？」

「當然是目前在檯面上的人囉！」

她說：「政治人物都不是人投胎轉世的。」

「是嗎？以前有人說毛澤東是大蟒精，蔣介石是龜精，封神榜、西遊記中不少禍害人間的全是各種精怪投胎來的還眞有其事？」

「施媽！我剛才講的那些前世因果，妳把它當神話、故事聽聽吧！反正妳也不能證明我說的是眞是假，每當別人要我調他們的前世，我都會這麼告訴他們。」

「我知道，半僧居士說過，前世只能當參考，不能當藉口。」

我看小慶已開始精神不濟，便不敢再問下去。她每次替人服務都會病上好幾天。

過了幾天，我打電話給她先生——我的學生，學生很委婉的跟我說，那天她回去後足足病了一個禮拜，他很爲難說：「施媽問跟親人的關係倒也罷了，連政治人物也問，就會讓她備感吃力。」

我內心十分不安，因我不知道我不經意的問會帶給她這麼大的負擔，自此後，我甚少跟她聯絡，以免她覺得要應付我很辛苦，不應付我，她又是晚輩，十分不禮貌。

我告訴陳家夫婦與兒子有關小慶的說法後，陳家夫婦只覺有趣，並未說什麼。倒是有天我在抱怨我的脊椎不舒服時，兒子對陳家夫婦說：「這要怪你們前世財力有限，沒給她塑一個不鏽鋼的金身，害她這世有這麼多毛病。」

養生功課

我自開刀後，很小心處理我的脊椎，我知道我再不好好保養它，我後半生別想過好日子，更別說有什麼作爲了，不過是苟延殘喘罷了！

我在與積餘慶公司續代理約時，要求陳老板加送我一個頻譜屋，舊曆年前裝置好。於是我每日多了一項功課，那就是坐頻譜屋二十分鐘，我也請左鄰右舍來試用，大家都覺得好用。

頻譜屋能促進氣血循環，我只要坐在裡面二十分鐘，出一身汗後，洗一個加了溫泉包的澡，當天晚上可以一睡到天亮。到我這個年紀，睡眠品質差，睡眠不好，氣血循環便差，自然百病叢生，若有好的睡眠，身體自然健康。

頻譜儀也有此功效，但因它只能照局部，不似頻譜屋能照全身，省時省力。

兒子告訴我，他每次下班後頭痛欲裂，因爲長期待在冷氣間，以前回來睡一覺便不頭痛，後來這方法失效。有了頻譜屋，他回來先進去坐二十分鐘，出來後洗個熱水澡，頭痛問題便解決了。因此他比我還熱衷坐頻譜屋。鄰居們雖覺得好用，但不好意思常來打擾我。

頻譜屋成了我們母子的恩物

醫生告訴我，即便我的骨刺都被清除掉，但因我的神經長期被壓迫，有可能腳麻的現象無法改善，我聽了自然很沮喪，不過我持續坐頻譜屋，泡溫泉，提升我的氣血循環。

在不知不覺間，左腿不再麻了，我眞是喜出望外。

我因爲有了頻譜屋和謝醫師，內心有莫大的安全感。任何疼痛，只要坐頻譜屋或照頻譜儀，立刻得到緩解。

我開刀後的傷口，因爲照頻譜儀，復原的十分快，傷口也很漂亮，因頻譜儀能提高組織的再生能力。這當然也要歸功醫生的縫功。

開刀後，脊椎十分容易粘黏，所以謝醫師每次都用氣功把我拉開。

後來碰見另一位中醫，他說最簡單治腰痛的辦法是每天拉三、四次單槓，每次只要一分鐘即可，長期下來，效果好過睡復健床。我於是請人在院子做了一個單槓，這才發現，拉十秒都很辛苦，遑論拉上一分鍾。單槓也就白做了。

陳文芬加入陣營

舊曆年過後，大塊文化出版公司的郝老板打電話給我，告訴我他找到一位很好的編輯，可以負責神鬼系列的書。

由於郝先生覺得我的《看神聽鬼》一書寫得很好，他希望能出一系列探討靈異、宗教的書，當然書的內容是有益於世道人心，而非灑狗血的怪力亂神或八卦雜誌中荒誕不經的故事。

問題是要找合適的人來負責這個系列並不容易，因爲他（她）除了有此方面經驗或鑽研外，還要文筆好。

他的大塊文化出版公司業已建立很好的口碑，出了不少叫好又叫座的書。而出版宗教、靈異、算命、風水之類書要拿捏得好，否則很容易成了灑狗血的東西。

他找來的編輯陳文芬，是我的舊識，原是時報的記者，是少數報導過我而讓我佩服的記者，能掌握重點，而且觀察入微。

她看了我的書後，也對這個領域十分感興趣，但因她以前是跑藝文版而非社會版的記者，所以甚少接觸怪力亂神的事。

我當然成了她入門的引導者。

第五章 遠來的和尚

就在我們兩人見面不久，一位僑居新加坡的老同學找上我，她在新加坡參加一個一貫道的宗教組織，但這個組織與台灣的一貫道不同。

她因姊姊突然中風成了植物人，便從新加坡找來兩位通靈的師父，她稱他們爲「前輩」，因爲她的組織不作興稱師父。

不意她從台大醫院照看姊姊出來後，信步走到重慶南路的書店，在書店中看到我的書，立刻買了一本回去看，才發現她這位一向鐵齒的老同學，竟然大談神鬼之事，便透過台北晚晴協會聯絡上我。

她以前曾回台數次，她第一次與我聯絡時，正逢我婚變，人生陷入絕境，她建議我去算命，我認爲她的建議很荒謬，不過我還是去找她推薦的算命師，當然，日後我算命經驗豐富後，才發現那位算命師的道行甚差。

也因她的緣故，我對算命開始感到好奇，不斷探究的結果，在十五、六年後，寫了一套《上帝也算命》（張老師出版社）破解了人們對算命的迷思，更因此套書給外界我很鐵齒的印象。

大多數人從未看過我的書，對我充滿了刻板印象，若看過我的《上帝也算命》就會知道我絕非鐵齒族。我的論點是算命的工具——無論是八字、紫微、星座等全是無效的工具，因爲這些工具太粗糙了，無法把人生所有的變數加進去。

但有人會信誓旦旦地說他（她）碰見的算命仙有多神準，包括我自己在內也碰過，這又如何解釋呢？

這些神準的算命仙都跟通靈有關，但通靈者是否皆是料事如神？那倒未必，因爲生命中的意外永遠比意內多，沒有人的心性是一成不變，很多命運取決於當事人的一念之間。

她請「前輩」來的目的，是與她中風的姊姊溝通，據她說，人有三魂七魄，她姊姊只剩一魂在，另一魂在病床對面，她要看家人的態度，再決定是否歸位，因爲她姊姊遭喪女（獨生女）之痛，覺得萬念俱灰，才會在激動中中風。

她若以前對我說這些話，我會認爲她頭殼壞去，才相信這些話，如今我持開放態度，畢竟誰也不知道眞相。

若以生理來說，中風是腦血管堵塞，即便淤血被身體吸收，但因腦部缺氧過久，造成腦細胞壞死，就算身體其他器官未受損，受損的腦細胞是不可能恢復的，因此才成植物人。

醫學不發達的時代，沒有各種維生系統，病患可以自然死亡，如今有了維生系統，病人是求生不得，求死不能，最有名的個案是王曉民，她父母皆因照顧她太勞累相繼去世，她從十七歲車禍昏迷到她父母去世時仍活著，她只大我一歲，現在不知是由哪個機構照顧。

植物人本身受罪家屬更受罪。無怪乎王曉民的父母要求立法安樂死。

我要我兩個兒子事先立遺囑，一旦發生意外或重病，不要插管，不要維生系統，讓他們自然死亡。我自己的遺囑早已寫得清清楚楚，而且是由王如玄律師起草，以免自己受罪又拖累子女。我不要拖累他們，也不要他們拖累我。

我的小兒子遺傳我們家族高血脂症，每次要他服藥，他總是掉以輕心，我碎碎唸，他發煩便頂撞我。我告訴他說：「我養你一場，沒得罪你吧？我也不是沒本事，只等兒子大了，靠兒子養的老娘，像我父母一樣，拖累我大半生。我老了，十分重視身體健康，絕不是怕死，而是怕自己中風癱瘓成爲你們的負擔。我只希望自己要死便死得乾脆，一下子過去，不拖累任何人，也不浪費醫療資源。我不給你添麻煩，你難道要讓我晚年也不得安寧嗎？」

他聽了我這番話，便不言語，雖然仍不按時服藥，但比以前好些。

我了解她的焦慮以及她家人的負擔。問題是很少人肯在自己身體健康時便立遺囑，不給家人添麻煩，而安樂死的立法受宗教影響，在東、西方都很難通過。

事實是大家都不肯面對「死亡」，健康時固然不願面對，即使死到臨頭，仍不肯面對。

如果前輩的這番說辭能減低她的焦慮與內心負擔，我自無反對之理，但我還是委婉的提醒她要面對現實。

新加坡的前輩

三月下旬，在她的安排下，我約了陳文芬、陳太太（我山上的鄰居）與她的兩位新加坡前輩見面。

這兩位前輩，一位是男士，一位是女士，他們都是出家人，不過穿著打扮與常人無異，也未剃髮，他們的宗教組織不作興這套，因爲那都是表相。

不過他們都是素食者。

我跟通靈者見面都會提高警覺，因爲我的《看神聽鬼》頗暢銷，連在新加坡的「Discovery 發現頻道」的製作單位，看了我的書後，都打算來台探訪書中的通靈人士。我不否認，在我書中出現的通靈人士在書出版後都是應接不暇、戶限爲穿。這是早預料到的事。

有更多通靈者希望認識我，顯顯他們的本事，好讓我在寫書時提他們。

當然，他們若術德兼備，我自會不吝提他們，因爲需要他們服務的人甚多，但我更要小心，不能因對方恭維我、拍我馬屁，把我拍得暈陶陶，我便大力推薦他們。

更何況張開基早警告過我，他是過來人，哪個通靈者不是經他報導後財源滾滾，起大廟。問題是在他們未出名前，也許術德兼備，一旦成名後，幾乎沒有一個通通過魔考的。

他已十年不過問江湖事，此次因我的關係，又重現江湖，但他提供我幾個他認爲還不錯的通靈者，不是靈力已失，便是因貢高我慢或貪婪而邪靈入侵，卻還自以爲是，讓人不敢恭維。

這也是我擔心的事，所以我才在書中強調我書中所提供的名單，這些人目前算是術德兼備，我不敢掛保證他們日後不會變。

言猶在耳，新書發表會上，蔡伶姬的貢高我慢讓我見識到通靈人改變之快。

我一上來便說明我在台灣長期從事婦運，爲婦女爭取權益，我寫《看神聽鬼》一則是我自己碰上這種事，二則是我本來便想從宗教、靈異、算命下手，去破解其中的性別歧視及神棍騙財騙色的手法。

我也說明我的任務完成後便退隱山林，不再過問婦運的事，很多人見我積極從事運動，以爲我與一般從事社運的人一樣志在政壇，但我決無意政治。

男前輩一聽我這麼說，立刻說若我從政是大才小用，因爲我日後還要做更大利益衆生的事。

我心想，又來了，他又要試探我的救世主情結。我絕不認爲我從政是大才小用，我很清楚，水清無魚的道理，像我這種有道德潔癖的人，果眞從政，就成了茅廁中的硬石頭，又臭又硬，最後一定落個政不通人不和的下場，害人害己，何苦來哉？

我會爲自己的理想奮鬥，但絕不會強加諸別人身上，要大家都認同我，這種有使命感的聖人是最恐怖的。

大聖與大魔不過是一物之兩面。

我也不認爲我還能做什麼豐功偉業，因爲我很淸楚，外表的風光只會帶來更大的寂寞和虛僞。

當我以爲人是一死百了時，我做任何事只要問心無愧便做下去，如今我知道有因果輪迴，做起事來反而礙手礙腳，我並不擔心因果報應，我只不斷問自己，我捐錢給公益團體是眞爲做公益，還是爲果報？

誰在做善事時能免俗的不想到這是做功德或是將財富累積在天上？

唉！做人實在很辛苦，辛苦的不是人生有多坎坷，辛苦的是要如何做到無愧於心，明其道不計其功，正其誼不謀其利呀！

我和他們相談愉快，大體而言，雙方對宗教、靈異的看法還算接近。回苗栗的路上，陳太太問我說：「妳覺不覺得他們眼熟？」

「我不覺得。」我不解她爲何有此一問。

「我覺得在哪看過他們……。」

「是嗎？男前輩是道地的新加坡人，妳去過新加坡嗎？」

「沒有，但我就是覺得眼熟。」

由於大家相談頗投機，陳太太邀他們上山一遊，他們立刻答應。

第二天，我們去接他們三人上山。男、女前輩坐定後，立刻問陳太太是否覺得他們眼熟，陳太太立刻說：「我昨天還跟施老師說我覺得你們很眼熟，但不知在哪看過你們。」女前輩說：「我們前世曾一起修道。」

兩位前輩到我家後，指出佛堂位置不好，因它在我臥房之上，又與兒子臥房相鄰，廁所在其左邊，勸我們將佛堂遷至客廳，否則長此以往，我的健康會受影響。

鄰居們聽說有高人來，咸來問訊，他們也不負衆望，很準確的說出來者的問題、現況並提出解決之道。

我給他們看兒子的照片，他們也很準確的說出兒子們的個性、能力及眼下的困難。他們盛讚我們住的山區是鍾靈毓秀之地，不過語重心長的說：「不是每個人都適合住山上，山上固然空氣好，但好山好水也是適合各種靈修行的地方，當事人元神旺就沒關係，若不旺難免受影響。」

他們當晚借住陳家，第二天回台北的路上，我才知道兩位前輩一夜沒睡，因陳家有一些有的沒的東西，他們一直在與這些東西溝通。

半僧居士在第一次看到陳太太時，便給她一些朱砂，要她灑在屋子四周。

小慶到她家時，也指出她家有好幾處地方不乾淨，陳先生十分不以爲然。陳太太本來就不喜歡家中堆東西，能淸的盡量淸出去，家中雜物少，至少空氣流通，也不會因到處塞滿東西而凌亂不堪。陳太太正好藉這些通靈人的說法，可以淸掉一些陳先生不願丟的東西。陳先生雖不情願，也只好讓他太太淸掉，看來神道設教有其好用之處。

第六章　活見鬼

又到了一年一度的桐花季，從去年到今年，雨水充沛，幾場豪雨下來，桃、李、杏、柿、楊桃的花全被打落，因此不見結果，油桐花也因天氣涼、雨水多而遲遲未開花。原該在四月底開的花，直到五月初才開，五月中旬才盛開，足足晚了半個月。

新加坡的通靈者走後，陳文芬來電說她認識一位教英文的龔老師，大約在國中時開始會看到鬼，她原以為是幻覺或自己精神出狀況，後來才知道她是眞的看到鬼。

更絕的是她經常是大白天看到鬼。

她後來認識了佛學者洪啓嵩老師成了洪老師的弟子，洪老師教她結界、灑淨。自此她每次出門或出國，都會帶著洪老師加持的塔香以及火供的加持灰，才解決鬼欺身的問題。

我十分好奇，不知她長得有何特異之處。

我請文芬介紹我與洪老師及他的弟子龔老師見面，我們約在台北見面，龔老師十分親切，言語溫柔，看不出她有什麼怪異處。

洪老師亦是溫文儒雅的佛學者，有藝術天才，他道場中的佛像皆是自己畫的，畫得很有創意。他談自己與佛教結緣結得很早，二十歲唸政大時，便在政大佛學社教佛學，著作等身。

龔老師也談了一些她遇鬼的事，故事十分離奇，陳文芬希望她能寫出來。因爲很多人看了我的《看神聽鬼》後，找上大塊文化出版公司，要跟我見面，因爲他們會看到鬼，而且不堪其擾，或被鬼附身（俗稱卡陰）。

我又不會處理，便要他們去找書中所列的通靈者，看看是否能幫他們。

會見鬼的人

龔老師並不是我認識的第一個會看見鬼的人。小慶看不見，卻能感覺到他們。新加坡的前輩是會看到鬼的，而且能跟他們溝通，慈惠堂師父、三少爺都能看到，也能跟他們溝通。

我剛搬到山上時，我的建築師帶了兩位香港來的朋友到山上來看我。這兩位朋友中之一便是會看到鬼，她的健康十分差。

會看到鬼的人身體都很差，照中醫說法體質屬陰虛。

大家一聽到鬼便覺得害怕，對鬼充滿了刻板印象。很少人會想到我們所有的生物死後，都會以「靈」的狀態存在，也就是俗稱的鬼或陰的。

神、佛不過是大鬼，生前既是衆生平等，佛陀與我們無異。大家死後皆為靈，因此衆靈平等。

人有聖賢才智愚劣之分，靈當然也是。何況陽間與陰間是同一個空間，只是大多數人看不見他們，並不表示他們不存在。

一如我們的肉眼，只能看到紅橙黃綠藍靛紫，紅外線與紫外線以外的光便看不到。我們的耳朵能聽到的音頻也很少，我們的鼻子能聞到的氣味也很少，遠不及狗，狗的嗅覺比人靈敏五十倍。

爲何有人會看到鬼？而大部分人看不到？

台灣有所謂的「地震人」，他在地震發生之前便會聽到嗡嗡的聲音，每次聽到便傳眞給中央氣象局，中央氣象局不予理會，認爲他是無聊份子，後來證明他的預測是眞的。日本政府的態度與中央氣象局相反，他們將這些能預感地震的人集合起來研究、討論。

正如許多動物，對天災的預感能力超過人類，不論是九二一地震或南亞大海嘯，有不少動物都事先逃命。

張開基以頻率來解釋此事，能看到鬼的人是他們的頻率與靈界相通。至少我們已知，每個生物，甚至無生物都會發射出生物波、遠紅外線、輻射、電磁波等。

人類的科學仍是一個稚齡的科學，科學無法解釋的事，不代表不存在或怪力亂神，只表示科學還未發展到能解出所有的宇宙奧祕。

問題是科學能發展到什麼地步，誰也無法預知，因爲這是「騎驢看唱本」的事，只能走一步算一步。

香港來的兩位朋友，其中一位叫琳達，琳達告訴我，她原先並不認識那位會看見鬼的朋友。有一次，她們應共同的朋友邀約吃飯。吃完飯後，這位會見鬼的女士坐到她身旁，告訴她她父親一直站在她身後，她形容她父親穿的衣服，正是當年她父親去世時入殮穿的，因爲是她親自打理的。

她父親生前留給她大筆的債務，她爲了清償這些債務而身心俱疲，她父親深感抱歉，十分擔心她，所以不肯離去。

她來台灣的目的便是找一位能與鬼溝通的師父，請他與她父親溝通。

我聽了她的事後表示我有興趣見見那位能與鬼打交道的師父。

那時我還不認識慈惠堂的師父，還未經歷我的靈異之旅，但因豐富的踢算命館的經驗，我立刻看出這位師父是假的。

琳達不待這位師父問詢，提供了所有的資訊給他，他當然能掌握整個情況。我在場也不便表示什麼，只好任她受那位假通靈者的擺佈。

出門之後，我不好批評她的師父，以免她老臉掛不住，只好委婉的說，我認識更高明的人，不知她是否有興趣，她立即表示有興趣。

若不是碰上我繼父見鬼的事，琳達的事在我看來不是無稽之談，就是她精神有問題，我對她的師父有興趣，也是因爲想解決我繼父的問題，誰知一上來便碰到騙子。

我帶她和她那位會見鬼的朋友去竹東看劉瞎子師父，算的結果令她們嘖嘖稱奇。

這是我第一次認識會見鬼的人，後來聽說她這個能力消失了。

我與洪老師、龔老師相談愉快。龔老師言語柔和，娓娓道來她見鬼的經驗。

她說有次跟洪老師到美國去弘法，住在紐約時代廣場附近一家旅館，那家旅館是有名的（Haunted House）。他們一進電梯，便碰見同住的其他旅客半開玩笑說這家旅館有鬼。

龔老師經常到國外旅行，她的經驗是她愈怕鬼，偏會碰到鬼，她投宿的旅館往往給她的房間都是有鬼的。她說很多人喜歡住離電梯最遠的，走道盡頭的房間，因爲那個位置最安靜，最不易被打擾，但也是最容易有鬼的地方。

當天晚上，洪老師特別過來替她結界，使她有了一次難忘的經驗。她只覺得自己置身在一個很大的蓮花上，四周都是形形色色的鬼，但她一點也不害怕，因她很清楚他們無法越界。她便安心地一覺到天亮。

還有一次她到琉球去旅行，她喜歡去不是熱門景點的地方，因此她租了船到一個離島去。

到了島上後，發現有一處佈滿珊瑚礁的沙灘，她便信步走過去，走近後才發現不是珊瑚礁，而是密密麻麻的骷髏頭以及形形色色的枯骨，她在驚嚇之餘轉身便要逃跑，誰知怎麼跑也跑不出那個骷髏灘。她看到眼前有一大片石碑，石碑上刻著密密麻麻的字，全是日文，她雖不懂日文，但直覺是陣亡將士的紀念碑。

她好不容易看到眼前出現一個山洞，便往山洞跑去，才發現山洞裡枯骨堆積如山，原來此處曾被美軍轟炸過，當時防空洞中擠滿了人，炸彈正好打中，全洞中的人都被炸死了。

就在她十分驚惶時，她看到遠處懸崖峭壁，上面有許多穿著和服的女人紛紛往下跳，這時她突然明白沙灘上爲何有那麼多骷髏。

她又看到岸邊停了一艘大船，船被飛機投下的炸彈炸中，從中應聲而裂成兩半，船上的士兵紛紛被拋入海中，火光沖天，海水被染成紅色，水面上漂浮著屍首，還有許多載浮載沉的水手。

她跟作家馮馮一樣，回到了當年的場景。（馮馮到日本馬關去遊玩，看見十二世紀壇之浦之役，即平氏與源氏之戰重現。當地老百姓有不少人見識過。）

她不知自己是怎麼逃出那個場景的，驚惶未定的趕到機場要搭機回台。

她直覺有兩個士兵的鬼魂跟著她，她上機後，飛機遲遲不起飛，機長報告說是機械故障，地勤人員在檢查，但她知道飛機並沒有故障，而是她的關係，所以才無法起飛。於是她開始唸大白傘蓋咒，專心一意的唸。

不一會，飛機便起飛了，直到飛上天，平穩的飛行後，她才停止唸咒，誰知她一停止，飛機立刻陡降下去，嚇得她魂不附體，她直覺是她帶的鬼作怪，於是拚命唸大白傘蓋咒。

不久，飛機又恢復正常，直到下機那一刻，她不敢停止唸咒。

回家後，她立刻病倒了，發囈語，在她剛倒下時告訴家人，她帶回兩個鬼，接下來便神識不清，最後還是家人提醒她去找洪老師。

洪老師約她在台北一家掛有兩幅大符（這兩幅大符毫無作用，龔老師說這家飯店到處是鬼影幢幢。）的飯店見面，洪老師要她張嘴，洪老師唸唸有辭，從她嘴中吐出一艘大軍艦以及艦上的鬼魂。

她這時才知道爲何飛機飛不上去，原來她不只帶回兩個鬼而是一艘軍艦及艦上所有被炸死的官兵。

她難過的拚命哭，引起周圍其他客人的側目，洪老師便讓其他同修帶她到廁所中哭個痛快。

她的鬼故事太離奇，聽得我和文芬目瞪口呆，一時也不知如何回應。

事後，我告訴半僧居士她的鬼故事，半僧居士說二次大戰快結束，美軍要登陸琉球時，當地的婦女怕被美軍強暴，紛紛跳海自殺，龔老師看到的應是當年的場景。

龔老師答應文芬，她願寫出她與鬼打交道的經驗。一方面可以打破人們對鬼的刻板印象，一方面可以提供一些與她有同樣經驗的人做參考，包括她如何在佛法及洪老師的開釋中，找到與鬼相處的方法以及她內心的平安。

她不只會見到鬼，她在皈依佛教後，與洪老師及其他弟子去印度朝聖時，也看到神佛，那種經驗更是言語難以形容。

我邀他們師徒到我家來玩，他們也邀我到他們在淡水的菩薩道場去打一日禪。桐花飛舞時，洪老師、龔老師帶了道場其他同修上山來。

他們照例先到我家參觀。龔老師在客廳時還沒有異樣，一進書房，臉都綠了，她覺得很不舒服，想吐，我問她哪裡不對勁，她指了指放頻譜屋旁的窗戶。

我只好請她到我臥房，因爲廁所在臥房，她上完廁所後，急忙回到客廳。我問她臥房、廁所有問題嗎？她說沒有。

我等她舒服後，再請她到樓上佛堂看看，她說佛堂氣很雜。她也認爲佛堂位置不對，應遷移他處。

我心裡納悶，去年小慶第一次來時，覺得我的書房和臥房只一牆之隔，臥房的氣非常好，書房卻不好。於是我把書房徹底清理一遍，將所有××活佛的書，包括從網路上下載的資料，書籤等全部清除燒毀。之後，再請她過來，她說書房沒問題。

如今，書房怎麼又不乾淨了？

不欺神鬼，神鬼不欺

上次，新加坡的前輩也說，整幢房子，只有我的臥室氣最好，他們還意有所指的說要我沒事時到鄰居家串串門子，對我的鄰居們有益。

我有何德何能能驅魔掃妖，我連陽間的牛鬼蛇神都對付不了，何況是陰間，未免太抬舉我了。

曾有人問過我：「妳有沒有想過妳會被人作掉。」也有人問過李敖同樣的問題。他說從不擔心這事。

我也不太擔心這事，並非我智勇過人，我只是直覺不用擔心。

我從小便不怕黑，不怕鬼，我也不怕人扯我後腿，生命中所有的坎坷、困頓、難題，對我而言，都是我人生的轉機，年輕時還看不出，不免怨天尤人，老了愈來愈清楚，只要自己誠意正心，沒人能害到我，神鬼亦不會欺身。只有我自己會害到自己。

泰德說靈界的好靈因欣賞我的作為，所以暗中相助，是嗎？

我只知道「得道者多助」這句話對我而言是眞實的。

好人未必有好報，惡人也未必有惡報，不管是歷史上或眼前，例子舉不完。人一生能化險爲夷，與爲人善惡沒有太大的關係。往往是「好人不長命，禍害一千年。」果眞這樣，大家何不作惡多端，可以長命百歲，事實又不然，因爲有太多現世報的例子。

我對人生的看法是儒家的「死生有命，富貴在天。」「命裡有時終須有，命裡無時莫強求。」「金釧兒掉到井裡，是你的還是你的，不是你的便不是。」

更何況，這世上一切榮華富貴皆是過眼煙雲，同時，一切貧賤困頓亦是過眼煙雲。只是人生不同的考題罷了，就看當事人怎麼作答了。

我不擔心被人加害的事，不是我有老天保佑，而是擔心也沒用，人若畏首畏尾過一世，又何必來這世間走一趟呢？

若我心中有恐懼，我絕不逃避，而是直接面對。

妹妹告訴我一件事，令我啼笑皆非。她小時候因調皮搗蛋，三不五時被孤兒院的傳教士關在黑漆漆的地下室，當時她雖懵懂無知，其實造成很大的精神創傷，自此便怕黑。

她睡覺一定開燈，還不只開臥房的燈，其他房間也開。

當她知道靈界與現實界是同一個空間，鬼在大白天照樣活動，只是我們凡胎肉眼看不見後，她再也不怕黑了，鬼連白天也出沒，開燈又有何用？困擾了她大半生的問題，如此輕易的便解決了。

洪老師見龔老師嚇成這樣便開玩笑說：「她今天可破功了，唉！眞不給我這做師父的面子，剛才才說她自皈依佛門後便不怕這些有的沒的，沒想到一來妳家便破功了。」

龔老師也覺得不好意思，她更擔心她這麼驚駭的樣子會造成我不安。我告訴她我什麼都不怕。

正如張開基說的，沒有什麼叫超自然的現象，因爲超自然便包括在自然中。靈界的靈口要比世界上的人口更多，哪裡沒有他們的蹤跡呢？特別是住在幽靜的山區，他們來來去去是自然之理。第二次小慶來不見他們，這次龔老師來正巧遇上，不足爲奇。

因此之故，我把慈惠堂師父給的降魔棒、畫的符以及除障的加持灰統統扔掉，何必用這些對付他們呢？有一天，我也會是他們中的一份子。果眞有一天我卡陰，那也是我自己心不誠意不正所致，因爲佛魔自招。

接著我們又到陳家參觀，龔老師指出陳家不乾淨的地方與小慶、新加坡的前輩說的差不多，換言之，他們這些能見鬼的人是英雄所見略同。

悲憐眾靈

洪老師也邀我們到他們的道場去打一日禪，送了我不少他的大作。臨走前，他們還贈送我們灑淨水及火供加持灰燼以及一些塔香。若問我相不相信這些東西有用，換上以前的我是絕不相信的。但現在我持開放的態度，我不需要，不代表靈界的衆靈不需要。

洪老師告訴我，大園空難後，他請人去那裡灑淨，也有他的弟子到波蘭納粹集中營參觀時，順便灑淨超渡亡魂。

我認爲死難很多的地方，不管用道教、佛教的儀式，或用基督教的祈禱，若眞有效，並非這些儀式或祈禱本身有效，而是亡魂意識到陽間人們的善意和愛心，令他們感到安慰，而減輕痛苦的意識。

活著的人透過這些儀式和祈禱而能反省人類是如何的惡性重大，誠如聖經上說的「人心比萬物更詭詐，壞到極處。」

若不是人性的卑劣和邪惡，何至於戰爭頻仍，生靈塗炭的事史不絕書，人類到哪天才能悔悟？

我認爲若從事這些儀式，絕不能著眼在儀式本身，或以爲這些加持灰、灑淨水眞有什麼作用，重要的是在做這些儀式的人是否有悲天憫人的情懷。

六月，洪老師喬遷，請我和文芬過去參觀他的新居及工作室時，龔老師告訴我，其實那次到我家，對她而言是一次成長，因爲她那次除驚駭外，感到極其悲傷，她不知爲何自己會這麼悲傷，後來她體悟到，她以前見到他們只感到害怕，所以用各種方法讓他們不能接近她，如今，她知道她能看到他們決非偶然，亦非壞事，正因她能感應到他們的悲傷痛苦，她不該拒他們於千里之外，應誠心誦經迴向給他們，以減輕他們的痛苦。

我告訴她，我並不在乎他們在我家遊蕩，因爲我們生活的空間不屬於任何人，只要互不妨害即可，我不會對他們趕盡殺絕，何必呢？不久，我也會成爲他們中的一份子。

不得安息的亡魂

不過，我會盡量修爲，讓自己在有生之年盡量去除一切的執著與貪、嗔、痴。死了也做個瀟洒的鬼，不依戀任何地方。

半僧居士跟我說，做人已很辛苦了，死了還要應陽世子女的請求保佑他們，未免太累了。

我覺得他這話發人深省，我活著不希望成爲子女的負擔，死了又何必因自己的執著，三不五時托夢給子女親友要東要西，至於子女，活著時已不想過問他們的人生，他們該爲自己負責，死了若還掛心他們，我何時才能得安息呢？

很多人掛心親人，死後不肯離去，終日跟著親人，不僅無濟於事，還會影響活著親人的健康，因爲亡魂只有陰氣，而活人是陰陽參半，人無法終日晒太陽，也無法長年待在陰暗的地方。所以生前做個瀟灑的人，死後更要做個瀟灑的鬼。

台灣人不論是清明掃墓或中元普渡，都有太多的功利想法。諂媚鬼神的目的，不過是要他們繼續爲自己服務，而非因懷念他們在世時的種種恩情，也使「愼終追遠」的意義蕩然無存。

不是坐禪的料

我因四十歲後脊椎便不好，不輕易打坐，以免未蒙其利，先受其害。

不過我一直想學習靜心的方法，所以便報名參加龔老師的一日禪，坐了一天禪，脊椎十分難過，思緒如萬馬奔騰，並未有任何體悟。腦中不斷浮現一組數字，百思不得其解，最後才體悟那組數字是兒子公司的統一編號，由此可知我仍放不下他們。他們可眞是我的冤親債主。我不斷告訴自己要放下，但眼前仍做不到，這可是我晚年重大的功課。

後來又應邀去聽洪老師講經，盤坐三個多小時，脊椎更吃不住，躺了好幾天才恢復，想起醫生的警告，我得與它和平共存，否則我晚年日子不好過。

龔老師脊椎也不好，受損狀況比我還嚴重，但她反而因打坐而改善，也許我是不得要領。有人形容他們的經驗，一開始腰痛腿痛，全身難過得根本無法靜心，坐久了，逐漸麻痺了，思慮會漸漸沉靜，到後來，根本不感覺到身體痠痛。

是嗎？但我知道有不少出家人有坐骨神經、退化性關節炎的問題而求醫。因此，我決定還是不要嘗試的好，我得另找健身靜心的方法。

半僧居士 v s. 龔老師

我當然還要做我的白老鼠試驗。

於是我邀請龔老師與半僧居士對談，看看他們彼此間會有什麼反應。

我和文芬帶龔老師到半僧居士的養心齋。他們倆最初坐隔壁，文芬坐龔老師旁邊，我坐最外端，不久龔老師便臉色大變，呼吸困難，想嘔吐，半僧也頭痛不已，我看情況不對，立刻跟他們說，我坐他們中間，看看能否改善狀況，讓龔老師與我調位子，不久兩人都恢復正常，我還沒開口，文芬便說：「施老師一定會說她是佛光普照。」

我笑道我正要誇口，不意她替我說了。

半僧說自從我的書出版後，上門求教者衆，這些有問題的人，大多氣不好，他每天在客人走後排壞氣，但到後來排也排不完，身體愈來愈差，更因此功力受損，只好少接客，在電話中，只要一聽不對勁便婉拒對方。

龔老師既然會看到有的沒的，少不得會有在她身邊巡逡不去的。

無怪乎兩人都被對方的壞氣弄得吃不住，將他們分開來，互不干擾後便好多了。

事後，我問半僧龔老師講的是眞的還是假的，她精神有問題嗎？

半僧說她並未說謊，精神也沒問題，因爲說謊的人，一張嘴口腔內是紅色的，中間還有綠色，他一看人的氣，便知來人的狀況，當然，我們是看不見的。

我無從驗證半僧或龔老師說的事是眞假，不過龔老師並非通靈者，也不靠此爲生，更不想用見鬼一事來譁衆取寵或打知名度，因爲見鬼決不是一件好玩的事，她也從未想過將她的經驗寫出來，但在我們的勸說下，她才考慮寫出來，只是想與所有跟她有同樣困擾的人分享她如何走出見鬼的困境而在佛法中找到安寧。

通靈絕不是好玩的事，對方若要附身更是辛苦。

由於文芬初次接觸靈異界，我自然要帶她去見見這些奇人異士。

第七章 眞假通靈人

正好《壹周刊》的記者李維菁要做我的專訪，於是我邀他們一塊到泰德的彩虹講堂。我曾要求泰德介紹一些奇人異士給我。他告訴我他邀約了一些，問我是否有興趣見面。

在一個週五晚上，我們與一群人見面，在這之前，我帶文芬與小兒子艾瑞克和泰德及他的學生瑟琳娜見過面，他們兩人爲文芬及艾瑞克解讀他們的生命祕數，在論及他們的個性、人際關係與現況十分神準，令他們印象深刻，特別是瑟琳娜的功力令他們十分佩服。

泰德的道行比瑟琳娜高，但瑟琳娜使用語言的能力高過泰德，較易使當事人心領神會。

也因有那次面談，文芬十分期待與奇人異士會面。

週五晚上，大家齊聚一堂，泰德邀的奇人異士自然對我感到好奇，也想掂掂我的斤兩。

大家先是天南地北的聊。其中一位綽號叫「大尊」的，泰德說他以前事業做得相當成功，後來因緣際會而進入靈異領域。

他頗有遊戲人間的味道，他認爲因果輪迴在我們子女身上便實踐了，每個人都繼承了父母的基因，當然因這些基因而遺傳到他們的樣貌、智商、性格能力甚至怪癖。我們受到基因的控制，自然也受父母的影響，即使從小跟他們分開，我們行事爲人多少會有他們的影子，代代相傳，這不是因果輪迴是什麼？

因此人肉身死了便一死百了，因爲該輪迴的，早遺傳給子女了。果眞如此，不想受輪迴之苦的人，只要不生養後代就行了，佛教那一套修成正果的法門不就是廢物了？人人皆可放縱任性過一生，不必擔心任何因果報應了。

我聽了說：「我不知道人死後是否神識不滅，但我希望是一死百了，所以我喜歡你的說法，當然，我只能說喜歡，因爲這是我喜歡的結局，但事實如何？我無從知道。」

在座有一位年輕的女士，全家人都通靈，我問他們爲何家中有一人通靈，也會有其他成員通靈，或是祖孫隔代有這個能力，或是父子或兄弟姊妹皆有。

大尊說他研究過這個問題，他發現跟地球變動有關。只要大地震一過，許多人家的風水、磁場、氣場便會改變，受到地殼變動的影響，地氣變了，有些人便會通靈，最近通靈的人愈來愈多，恐怕跟地理改變有關。

我對他的推論皺眉頭，我看他該像我一樣，做《科學月刊》的長期讀者，他就會知道，自從我們這個地球誕生以後，地殼一直劇烈變動，經過四、五十億年才逐漸安定，若認爲九二一地震，南亞大海嘯、紐奧良的颶風是了不起的天災，說實話，比起幾千萬年前地球的變動，眞是小兒科的很。

我們每個人都居住在變動不居的地殼上。有人問麻姑有多老，她說：「吾曾三見滄海爲桑田，桑田爲滄海。」

絲路上有許多廢墟，皆因水源改道，氣候變遷而使原本繁華的大城成了廢墟。天氣、地氣不斷變動，人人都受到影響，又如何能說明有人會通靈，有人不會通靈。

一位三十出頭姓楊的女士坐在我對面一直看著我，我問她是否看到什麼東西？是否看到我父親？她說她看到我母親。我心想：半僧說我母親已投胎轉世，怎麼會站我後面？她又說有些話她不方便說，因事關隱私，我說：「但說無妨。因爲我做事敢做敢當，不怕人知。」

但她還是堅持另闢室密談。我只好跟她到另一個房間，她說我要去做腹部超音波，因爲我可能有癌症，我告訴她，將近二十年前便切除子宮，但她還是堅持我生殖器官有問題，我說我倒是胃不好，因長期服用降血脂藥的結果。

她又說有兩個小孩站我身邊，一男一女，我問她有多大，她說七、八歲。是嗎？我二十五歲自然流產一次，三十一歲人工墮胎一次，若眞有嬰靈，他們也該是三十歲上下的人了，怎麼會才七、八歲？

我沒說什麼，任其擺佈，她又說要運氣幫我治病，她問我有沒有什麼感應，我說沒有。

她勸我去新莊一家地藏王菩薩廟去祭拜，可以超渡嬰靈，我跟她要了電話，告訴她我會跟她聯絡。

這時大尊進來替我按摩，倒是他的力道夠，所以我整個身子舒服些，我知他是替我解圍，心裡很感謝他。

我出來後，文芬跟維菁已不見了，其他人也在嬉鬧。我坐定後，一位中年婦女跟我說她的故事，她成長在一個重男輕女，很不快樂的家庭，爲了逃避那個家庭便早早結婚，誰知結婚後才發現她不過從一個苦海跳到另一個，每天做牛做馬累得半死，還討人嫌。

有一次，她實在受不了，經人指點到新店××寺參拜一尊八臂觀音，她突然覺悟到她爲何要被人作踐，於是在觀音的庇佑下，走出痛苦婚姻，如今她活得自在多了。

我聽了她的故事，內心不禁嘆息，一九八九年我便出版了《走過婚姻》，現身說法自己走過婚變的故事，書中不斷勸女人要覺悟，要好好愛自己，絕不輕言爲任何人犧牲。

其後，我一路走來，除了推動法律的修訂，一年兩百多場演講，三不五時上電視，目的都是喚起女人自覺，看重自己的人生，做自己的主人。她若早看過我的書，早聽過我演講，早就覺悟了，還需被欺壓這麼久，最後才因參拜觀音而覺悟。

但我不好說什麼，只是聆聽她的敍述。坐她身旁的是一位男士，職業是中醫，後來我才知他們是伴侶。我覺得這位男士眼熟，便說：「我覺得在哪裡看過你，泰德說你們通靈，所以我來向你們請教。」

他說：「我本來不想說什麼，不過妳既然說妳看過我，那我就告訴妳一些事，只怕妳聽了會不高興。」

我立刻說：「但說不妨，我可以接受別人的批評。」

他說：「妳應該很清楚妳要什麼。」

「是嗎？應該是吧！不過我今天來是想向你們討教通靈的事，你們既然通靈應該可以看見一些我看不見的事，如預知未來……。」

他說：「妳心中有魔，這個魔已長出腳來，妳自己要好自爲之。若妳想知道有關通靈的事，《佛說四十二章經》中都有。」

「哦！」我並未動怒，心想，誰心中沒有魔，佛魔一線間，甚至是一物之兩面，只看自己一念之間。我開始尋思我何時得罪這個人？

不少男人對我有成見，只因我替女人爭權益，他們認爲我是邪惡的，如果沒有我這種婦解份子，女人都會乖乖的。

這時，我右手邊一位年輕的男士開口了，他是氣功師，我第一次到泰德這兒時，他曾運氣幫我治療關節，說實話，我沒什麼感覺，但怕他會有好心成了驢肝肺的感覺，只好說有些改善。

這位氣功師說：「施老師妳給人的印象是女權至上，打倒男人。妳是否考慮走中庸之道？」

我說：「我一向主張男女平等，只是父權社會欺壓女人太久，我不得不矯枉過正，更何況到目前爲止，即便法律修訂不少，學校也在推廣平權教育，但距眞正的男女平等還早，最主要是男尊女卑的觀念太根深柢固，我不得不言論偏激……。」

但他一直認爲我給人的印象是打倒男人，要騎在男人頭上。

我內心深深嘆息，像他跟那位中醫師以及畫靈畫的×醫師一樣的男人我看多了，他們從未反省過，數千年來，男人如何欺壓女人，所有父權社會的倫理、道德、宗教、法律無一不是以欺壓女人爲能事，長期以來給女人洗腦，什麼「寡婦餓死事小，失節事大。」

女人死了丈夫不能再嫁，男人卻可以三妻四妾。如今終於來到男女平權的時代，女人只要受教育，有一技之長，就可以獨立，不必受制於男人，卻引起許多沒自信男人的恐慌，女人不再任他們予取予求了，他們便覺得我這種出來喚起女人自覺的女人該死。父權社會全面打壓女人，男人從不檢討，我不過呼籲女人要站出來，爲自己的權益奮鬥，他們便覺得我騎在男人頭上，令人啼笑皆非。

林肯解放黑奴，引起多少白人的憤怒，因爲他們認定黑人天生是該被他們役使的，無怪乎要暗殺他。

我沒被男人暗殺已是萬幸了，被他們言辭修理算什麼？我本想告訴那位中醫師蘇東坡與佛印的故事，佛印對蘇東坡說：「你心中有大便，看人皆是大便。」由於他心中有魔，自然看我有魔。他看我不順眼，只因我替女人討公道，只因我是獨立自主的女人。

回家的路上，我問文芬她們躲到哪了？她說她坐在那位說我有嬰靈附身的楊女士的對面，頭痛不已，等她走了，她便不頭痛了，她帶維菁去跟瑟琳娜談，瑟琳娜令維菁印象深刻。

我問她覺得他們如何？她覺得那個中醫師不像是好人，其他人看不出會通靈，只覺得他們跟常人一樣有不少問題。

我說我們應是英雄所見略同，我直覺那個中醫師是個大男人，至於他的女伴雖覺悟要過自己的人生，不過她只不過從一個大男人換成另一個大男人而已。

二十多年的婦女運動，使我對女人的覺悟不抱太大的希望，因爲數千年來奴役的結果，女人即使有覺悟，但因獨立太辛苦，最後還是回到老窠臼。

我向瑟琳娜抱怨泰德找這些人來尋我開心，他們根本不通靈，說到這裡，我突然靈光一現說：「泰德是找題材給我寫是吧？那個中醫師是個大男人對不對？那個氣功師腦袋不清楚是嗎？」

瑟琳娜不置可否的笑笑，我便心知肚明了。

裝神弄鬼

過了幾天，我跟文芬約了那位楊女士到新莊去祭拜地藏王菩薩，實際上，我要看她葫蘆裡賣什麼藥，文芬私下告訴我，她一接觸她便頭痛，我笑道：「妳快通靈了，半僧居士只要碰到精神有問題的人便開始頭痛。」

楊女士說她有位女朋友有問題想請教我，問我是否可以在祭拜完後，隨她到朋友處，我爽快答應了。

我倒慶幸認識了她這位朋友，她在一家色情KTV當職員，已做了十年以上，自小過著坎坷的生活，嫁了一個會打她的丈夫，好不容易離婚，無一技之長，但因歌喉出色，便到日本賣唱，她們兩人是在日本認識的。

她的父母相繼過世，女兒可以獨立後，便做一個上班族，每天安步當車去上班，雖置身色情場所，卻只是個職員，既不賣唱也不賣身，過著平淡的日子。

我安慰她說不必因自己的出身而自卑，妓女比政客要高尚多了，人只要不偷不搶，即使賣身，也可以抬頭挺胸做人，誰又比誰高尚？

我們兩人坐公車到南京東路，我到兒子的公司，她去KTV上班，在路上，我問她楊女士是怎麼回事？她告訴我她出身小康家庭，但好吃懶做，所以從事色情行業，又常被男人騙財騙色，她勸她要腳踏實地，她卻聽不進去。又因年華老去，只好假裝通靈，想當神棍。

我笑道：「當神棍第一要能說會道，騙死人不償命，碰見我這種踢館成精的人，要退避三舍，絕不能賣弄本事，否則是自討沒趣。她膽敢跟我裝神弄鬼，想唬我們都沒有，騙一些愚夫愚婦都嫌太嫩。」

她說：「我早說過她，我不認爲她有本事吃這行飯，她卻不聽。」

我說：「我在妳家已很不客氣的對她說，我不相信嬰靈這一套，何況女人墮胎又非女人一人的責任，難道下種的男人沒事嗎？奇怪，嬰靈爲何只找女人麻煩卻不找男人麻煩？唉！妳的朋友若再要裝神弄鬼下去，搞不好錢沒賺到，自己精神會出狀況，我看她已有些不對勁了。」

「施老師沒看錯，我也覺得她愈來愈不對勁了。」

第八章　金光黨不死

我回想起年初大塊文化曾辦三場演講，來的聽衆不多，但當張開基問有多少人想通靈時，卻有不少人舉手。

好好的人不做，爲何要當通靈人？若不爲名不爲利，通靈人有什麼吸引人的地方？問題是當通靈人不是你要當就可以當的。

當然，可以養小鬼，問題是請神容易送神難，到頭來精神不出狀況者幾希。

很多人問我通靈者多不多，就以全人類的比例而言，當然不多，不過假通靈眞騙財的比貞通靈的多太多了。自從我的書出來之後，原本不過是算命仙的，一個個開始自稱通靈起來，我又能如何？

金光黨跟蟑螂一樣是永遠打不死的，連高教育的都會被騙，何況是一般人，你只好多看多聽，心中不起貪念，被騙的機會自然減少。

有不少人想當通靈人，不過是在潛意識中想操控人，其實會被操控的人，全是自信不足或慾求不滿的人，又有何驕傲可言。

喜歡追求上師的，一如追星族一樣，都是內心有很大落陷的。帥哥美女人人喜歡，但迷戀到不能自拔的地步，精神一定有問題。

同理，事事問通靈者、算命仙、宗教導師，都是自我意識甚低的人。做人要提得起放得下，要自作主張，怎可聽人擺佈，若一味聽人擺佈，又何必來做人？

無妄之災

年初，作家陳若曦邀我四月初去北京、西安、洛陽看牡丹。結果三月初我從梯子上摔下來，整個人面朝下砸在大石頭上，當場血流如注。陳太太與兒子立刻送我到鎮上的醫院急救，縫了七針，一張臉腫得像豬頭，青一塊紫一塊。

兩周後，臉消腫不少，卻生了怪病，狀況類似食道逆流，酸液不斷上湧，吃任何東西都想吐，只能站直或坐直，晚上不能躺著睡，只能坐在沙發上打盹，也不能走路，一走路脖子便發緊，直想嘔吐。中、西醫皆看了，腦部斷層掃瞄也做了，查不出病因。

一向性急的我，如今只能蝸行，急也急不來。我問半僧是否是靈界不爽我的靈搗蛋，他認爲純屬意外。慈惠堂師父說是兩個小鬼路過，覺得好玩，故意拉扯梯子，才使我摔下來，師父便爲我收驚。

不過沒什麼效，我依然十分難受，我本來一週找謝醫師一次，現在是天天報到，陳太太每天開車送我，我很過意不去。

謝醫師認爲脖子肌肉拉傷，食道移位，經絡受損移位，除了針灸外，只能靜養，至少三個月，多則半年才會慢慢恢復。

到了三月底，我仍無法行走，只好取消洛陽賞花之行。我的毛病直到三個月後才好多了，至今仍有後遺症，右邊臉以及上、下牙齦依舊是麻的，只要天熱、爬坡、爬樓梯或低頭拔草，脖子依舊會發緊不舒服，這也是無妄之災吧！怪只怪兒子買的梯子是單料的，梯子容易老化變形，才使我摔下來的。

洛陽賞花去不成，其實當初決定去，是想藉機回西安給父親上墳，了結我們這世的緣份，不料去不成，但我很想在今年把這事辦了，恰巧有朋友提議去絲路，據說莫高窟因風化嚴重，許多洞窟要關閉，日後再去能見有限，我便決定招兵買馬在八月底九月初去絲路遊玩。

不意響應的朋友很多，原先預計十六人的團，最後成了二十八人的團。

張開基大戰蔡伶姬

張開基性子比我還急，他告訴我他要出書批判蔡伶姬，因爲他仔細看了她的五本書，發現許多矛盾和不合理處。

他擔心的是蔡伶姬現象成了靈界的顯學，而且還上電視妖言惑衆，孰可忍孰不可忍。

我對蔡伶姬並無太大惡感，我認爲她的《如來的小百合》有不少觀點與我的觀點不謀而合。她的黑盒子理論也言之成理，雖然我不通靈，無法證實，但若能使人心生警惕，亦能收警世效果。

張開基雖同意我這部分的看法，但他仍認爲蔡伶姬的因果論弊端甚大，會讓人受害。四月初他寄來兩本厚厚的書《蔡伶姬五書大迷思》以及《蔡伶姬五書大批判兼評李嗣涔的諸神的網站》。

他自嘲自己是割雞用牛刀，而且有違他不再過問靈界江湖是非的原則，但他覺得群魔亂舞，特別是電視上的算命、靈異節目全是灑狗血，尤其是倪敏然自殺、徐子婷自殺，一些自稱通靈，甚至在節目中起乩的人，全是鬼扯。

他浸淫靈界二十多年，揭穿不少神棍，如今面對神棍滿天，豈有坐視之理。

我瞭解他的矛盾，我們行俠仗義慣了，要我們坐視群魔亂舞而不出手，也是很難的事。但我並不看好他的書會暢銷，這年頭，誰願意瞭解眞相？大家只愛看膻腥、灑狗血的八卦。

我看了他的書後對他肅然起敬，他一生寫過無數有關靈異的書，但從未像這兩本書寫得這麼擲地有聲。

文芬看了張的書也稱讚有加。

蔡伶姬的電視節目持續播出，張的書出來後，ＴＶＢＳ的網站，張的網站上熱鬧滾滾，大家唇槍舌戰好不熱鬧。

由於我不上網，不看電視、報紙，不想被俗事干擾，所以他們的熱戰，還是聽張的轉述。

就在他們打得難分難解時，突然有一位姓呂的年輕人上張的網站說，蔡伶姬以前不通靈，曾在他母親的神壇待過一年，蔡伶姬的黑盒子理論是抄襲他母親的論調。

第九章　殺出程咬金

張開基便與對方聯絡，呂太太告訴張許多蔡伶姬不爲人知的事。張要我親自拜訪呂家母子，看他們所言是否是眞的。

我與呂太太聯絡後，呂太太要我帶我信得過的通靈人，以驗明她是否說謊。

我約文芬、半僧居士一同上呂家。

呂太太長得尋常奧巴桑的樣子，眼圈都是黑的，她在三十八歲開始通靈，如果人生可以選擇，她絕不要做通靈者，因爲太辛苦了。

她並不以做通靈者爲榮，她認爲人們有事會找通靈者或算命仙指點迷津，但本質上是看不起這些江湖術士的。

所以她一直不想服務，但她若罷工，一定會受到懲罰，連先生、兒子也受到波及，諸事不順遂，她只好爲人服務，上門來的固然有好人，但有更多不識好歹的。

有一次，來了一大家子人，她替他們一一靈療，最後還是老祖母掏出兩百元來隨喜，而這家人是有錢人。

還有人未進他們家神壇，便在門口嚷嚷說：「就是這間，兩千元就可打發了。」她從未主動找顧客，全靠口碑，上門者衆，她每天累得半死，因爲不少人卡陰，她擅長驅鬼和靈療，而這兩項工作做起來會累死人。

爲人預測前程更是擔心，她曾預測一個老師的小女兒日後會讀北一女、台大到國外唸博士，雖然日後一一應驗，時間卻長達十七年。她唯恐自己的預測會失敗，所以內心負擔甚重。

她也碰過中邪的年輕小姐，在她家神壇前滿地打滾，她治好這位女士後，對方雖三不五時會過來謝神，卻從未介紹過其他人來，事後才有人告訴她，這位小姐說她絕不會介紹別人來，因爲她不要別人知道她的事。

她聽了十分感慨，人可以自私自利到這種地步，這位小姐原先家境富裕，十多年來，她看著她家和她本人一直走下坡，她也不好說什麼，不知感恩和助人的人，怎會有福報？這使我想起日本有部老片子《沙丘》，男主角出身貧困，後遇見一位好老師，將他栽培成人並成爲名音樂家，他爲了躋身上流社會，最後恩將仇報，將唯一知他身世的恩師殺死。

我出身孤兒院，從不以此爲恥，但也有不少出身該院的，從不告訴別人她出身那裡，連受惠於人都不願人知，如何會回饋社會。

我教書時幫助過不少學生，我從不要他們回饋我，只要他們回饋社會，因我也曾受惠於人。但大多數學生連個謝字也無，他們怎會回饋社會。

還有人前一天才受她幫助，第二天在街上碰面，裝做不認識，她好心上前問對方好了沒有，對方給她一個白眼，連忙走開，唯恐別人知道他曾求助於她。

其實，人性皆如此，只要對方不「恩將仇報」已是萬幸了，還能期待什麼？

當然，有更多的人在接受服務後，一聽她說「隨喜」，不是包個兩、三百元意思一下，就是拍屁股走人，一毛不拔。還有人帶了一袋便宜水果往神壇上一放，問了兩、三小時還意猶未盡。回去後在網路上說應問更久些，因她覺得不夠本。

芉僧在一旁說：「慈悲生禍害，方便生下流。」

她這些經驗，在我做社會工作時全碰過。許多人到晚晴協會來求助，收一百元服務費還嫌貴，認爲別人服務她是天經地義。問題解決後連個謝字也無，遑論其他回饋，而且不告訴別人，她曾求助過晚晴協會。

無怪乎她是我看過最不快樂的通靈者，也是最直腸子的，決不拐彎抹角，有話直說，所以在斷事上也是鐵口直斷，甚少模稜兩可。

蔡伶姬的問題

呂太太告訴我蔡伶姬以前並不通靈，她妹妹因不孕而找上她，呂太太教她如何求神拜佛，一年後便喜獲麟兒，蔡因她妹妹的緣故結識呂太太後便經常上門來，她不像其他人是來問事，她只對通靈有興趣，要求呂太太教她如何通靈。

呂太太認爲她是有錢人家的小姐，放著舒服日子不過，爲何要通靈？何況通靈是自然發生而非學來的。

蔡是大小姐出身，要什麼有什麼，所以性情驕縱。有次她因求通靈不遂，便在呂家神壇前謾罵說：「你們這些在天上的人給我聽著，你們若不給我通，我會想辦法通。」她還揚言要通釋迦牟尼。對佛教多少有瞭解的人便知道佛是已入涅槃的，如何會再回來管人間事。會管人間事的是菩薩，祂們可以成佛，卻因憐憫衆生，依然留在此岸渡衆生，就像地藏王菩薩發大願「地獄不空，誓不成佛」一樣。

所以從未有通靈者敢自稱通的是釋迦牟尼或其他佛陀，他們只會稱他們通的是觀世音、濟公、三太子、無極太子等。

呂太太承認她因學識不夠，不像蔡伶姬是大學畢業，可以將靈界的法則寫得頭頭是道，她承認蔡的《如來的小百合》語多可取，所以她開始並不想揭穿這些事，直到後來，覺得她的言論及書寫得愈來愈離譜，她才出面說出她與蔡交往的經過。

她與蔡一家人都認識，十多年來，兩家在互動的過程中發生很多事，她全部告訴我，但要我保證不寫或說出來，因爲怕殃及無辜，更不願揭人隱私。

蔡後來如何通靈她並不清楚，但蔡在通靈後，經常預測家人的事都不準，因此不知底細的外人十分信服她，但與她相熟的便知她的斤兩。

我並不認爲通靈人在每件事上都料事如神，他們能料個五、六成，已是高人了。半僧便常對來人說最好別相信他，因爲他會測不準，他的話僅供參考。

他誠實的結果卻讓不少人覺得他本事不高。事實上，宣稱自己料事如神、鐵口直斷才是吹牛不打草稿。世事多變化，人心多變化，兩者相乘，變化多端，如何能料事如神！因此蔡常常測不準是很自然的事，倒無可厚非，但蔡不誠實才是我關切的重點，因她在她的書中強調她從未想過要通靈，怎知那些靈會找上她，她是萬般無奈才接受她通靈的事。

而她在服務的過程中絕不敢自作主張，她只是一個傳眞機，只會如實傳達靈界的訊息。

但她一開始便對她通靈的過程說謊，從未提過她出入呂家神壇的事，那麼其他的事情呢？

《壹周刊》也查出她一些不爲人知的事，如她以前的靠山是蘇志誠、李登輝。任何通靈者、算命仙、宗教人士只要跟政治人物掛勾，我便會對他們的話大打折扣。

《壹周刊》的報導出來後，她不否認認識呂太太，但她開始掰故事。一個人只要撒第一個謊，便要撒許多謊來圓第一個謊。

我很清楚誠實是最好的政策，所以我盡量誠實，何況身爲公衆人物，有多少人等著抓你的小辮子。

無聊打手

由於我出現《壹周刊》批評她，結果張蔡之戰，我也受到波及，有個無聊人士上網要求我退書，因我在書中對蔡伶姬多所肯定，所以他受騙了。

我很清楚網路上多的是這種無聊打手。我的書重點根本不在通靈者，通靈者再料事如神又如何？就算他（她）把你（妳）一生吉凶禍福全料定又如何？

最後還是要問自己這一生要的是什麼？榮華富貴與快樂幸福無關，更何況祿盡命終，沒有一個人知道自己一生福份有多少？過多的享受，不過是讓人早早向閻王報到。

若人不是爲富不仁，又怎會榮華富貴？世界的資源就這麼多，你一個人吃喝不盡，自然會有人挨餓受凍。

我只希望看我書的人能反躬自省，問自己一生追求什麼？我若扳起臉來說道理，會有人看我的書嗎？所以以神鬼故事吸引人，希望大家能在看故事之餘體會我的用心。

我對通靈者的指導或言論從不全盤接收，只要與我看法有背的，我會委婉批評或找出更多的反證，希望讀者不要爲這些靈言靈語所惑。

我強調靈一如人，有聖賢才智愚劣之分，就算是聖賢，由於時代的變遷，他們的指導與教訓也會不合時宜，天下沒有放諸四海皆準的道理。

孔子、佛陀、耶穌活在今日也要學電腦、物理與化學，相信他們的看法、言論與兩千五百年前或兩千年前會有很大的出入。

像這位嚷嚷要退書的人，我可以斷言他（她）根本沒看過我的書，即使翻過，也是有看沒有懂。

我在推薦這些通靈者時，特別強調我不敢保證他們一直都會是術德兼備的，我也特別指出他們的魔考比一般人更難過，少有能通過者。

張蔡之戰絕對有價值，因爲透過辯論，我們可以明白更多有關靈界的事，但旁邊觀戰的人又何必選邊站？或充當某人的打手呢？

不畏因果的通靈者

蔡一直強調因果的嚴重性，但我不認爲她畏因果，若眞畏因果就不敢撒謊了，而相信她論調的人也不畏因果，眞畏因果就不敢在未弄淸楚事實下選邊站或充任她的打手。一個通靈者如此容易破功，倒是出乎我意料之外，從這事更可以得到印證，人們是多麼盲目。

我從無意讓人追隨我或當我的打手，我不過是個凡夫俗女，我有我的偏見、執著，會跟隨我的一定是沒有自我的人，才會如此服膺我。

我從不要我的子女、學生聽我的話，我寧可他們有能力頂撞我，與我分庭抗禮，這才表示我教育成功。如果他們只會唯唯諾諾，又如何能靑出於藍呢？

無怪乎孔子、孟子、佛陀、耶穌和太多太多的上師、導師的弟子們從未超越他們。

對老師畢恭畢敬、心悅誠服、唯唯諾諾，只敢就他們的理論加以詮釋，卻不敢跳出他們設定的框框。再偉大的人也會受到他們時代背景的局限，因此他們不論如何超凡入聖，也看不到百年千年後的事，而弟子們只會代代相傳，墨守成規，更喜斷章取義，無怪乎宗教帶給人的禍害遠超過它們要救贖人類的本意。

宗教盛行的地區不是貧窮落後愚昧無知，便是戰禍頻仍。而獨尊儒家的結果，讓中國社會成了柏楊說的臭不可聞的「醬缸社會」。

李敖在上海復旦大學演講，要學生不要再爲馬克斯所惑，因爲馬克斯的著作不少是抄襲別人的觀點，不少摻假的部分，自中共統一中國，中國人受害還不深嗎？

更何況不論是儒家學說、佛陀、聖經、馬克斯的理論，一旦落入有心人之手，便成了宰制別人的工具。

看看洛陽龍門石窟的大佛，大同雲崗石窟的大佛，全是依北魏帝王面相鑿刻的，那些拍皇帝馬屁的和尚們還發明出「皇帝如來」的稱號。

釋迦牟尼拋棄王位出家，已入涅槃，怎會再投胎轉世爲皇帝呢？

不意蔡、張之戰，引發了無數徒子徒孫加入，而且手段惡劣。故意派人去呂太太處要求服務，服務完了不但不給錢，還上網做不實的控訴，所幸在場還有其他人，看不下去，也上網去還原眞相。

我雖不贊成蔡伶姬的某些觀點（《看神聽鬼》中有提出），但她背後指導靈的一些觀點，如不要齋僧、供佛、建廟，應把錢捐給眞正需要的公益團體，以及批評出家人不事生產，動輒要人供養，跟植物人無異等觀點深得我心。

其實，這些觀點也有不少人提出，如奧修，他每本書都談論到，他一再呼籲人不需要宗教，只需要有悲天憫人的情懷。

那些把自己的信仰當成唯我獨尊，認爲其他宗教都是邪魔歪道的人，不過是偏執狂，他們根本不懂宗教。

至於以宗教之名來發動戰爭或欺壓別人，如各種宗教對女人的欺壓，特別是回教、藏傳佛教、小乘佛教等，毫無神聖性可言，不過是包藏禍心宰制別人的工具。

只可惜蔡言行不一，她雖不好利卻好名，還搞什麼伶姬家族。她批評那些宗教法師喜歡前呼後擁的場面，喜歡高高在上讓人膜拜的感覺，她自己卻東施效顰，搞造神運動，太讓人失望了。

是她背後的那些指導靈喜歡這一套？還是她自己忘了她不過是傳眞機而師心自用起來？

如果是她背後的指導靈喜歡人們膜拜，這些指導靈有夠悲哀的，都已身在靈界了，還看不破名利，還不甘寂寞，他們的見識與台灣政壇或商界中唯名利、權力是圖的貪婪之輩何異，他們的指導不過是狗屁罷了！

他們自己都看不開名韁利鎖，貪、嗔、癡念如此重，靈性不高，又能給我們什麼樣的開示呢？

不過，大多數人要的是這種神諭。

所有來找通靈者、算命仙的人，問的全是妻財子祿，求的全是功名利祿，甚少人問幸福快樂，不過會問後者的人因無所求，也不會找上通靈者、算命仙。

通靈者需升級

我倒希望大家看看張開基的書，上當受騙的機會就會減少很多。

通靈者又非聖賢大哲，本身並無任何能耐，不過是靈界的傳聲筒，怎會去追隨他們或充當他們的打手？

與通靈者打交道，如對他們的服務滿意，就該付合理的代價，不應因對方說隨喜，隨便丟個一、兩百塊占人便宜，以打發人的心態去打發他們，讓他們覺得十分不受尊重。若不滿意他們的服務，付錢走人，下次不再來就是了。何必充當某甲的打手去修理某乙，或在他們中間做抓扒仔，這些行徑無聊透頂，愚蠢到家了。

我把張開基的書送給泰德，泰德本來不太贊成如此強烈的批評，但想想後又說：「也好！靈界是怎麼回事，沒有人能掌握全貌，不過，愈多人出面現身說法或著書立說，可以使我們更加瞭解。最後靈界的拼圖會浮現。」

此外，他主張通靈者應跟電腦一樣要升級，不能停在原地踏步，否則他們所傳達的訊息一無用處。如通靈者是硬體，傳達的訊息是軟體，通靈者本身要提升自己的見識和能力，才會有高靈願藉助他們來傳訊息，否則會找上他們的也是腦袋不清楚的傢伙，因爲物以類聚。

自然科學之異於神學或各種主義，在於它講究實證，科學界大師輩出，絕對受人敬佩，但他們的理論隨時會被推翻，因爲長江後浪推前浪，一代新人換舊人。

在科學界，大家敬佩的是前輩努力的精神和對後代的啓發，而非他們的結論，所以科技才會突飛猛進。

爲何在其他領域，人們卻一味墨守成規，不圖創新呢？

無怪乎有許多人生活在二十一世紀，享受文明的生活，腦袋卻十分封建，死抱傳統而不放。

網路上的論戰我毫無興趣，我也不想回應。

邪魔入侵的假通靈者

有一天，呂太太的兒子來電說有一個在永和竹林路開業的算命師，自稱通靈，在網路上罵慈惠堂、罵三少爺、罵他母親，把他們貶得一文不值。

他還造謠說來這些地方求助，不但沒效果，還會卡到不好的東西，他說這些地方有很多不乾淨的東西，勸大家少去爲妙。

我聽了只覺好笑，靈界與現實界在同一個空間，我們周圍充滿了靈（我不喜稱他們爲鬼，有貶抑的意味），一如我們走在西門町鬧區，摩肩接踵都是人。

大多時候，大家擦肩而過，只有不小心時才會撞到別人。同樣的，我們整天與靈擦肩而過，甚至同處一室，只是你看不到他們而已。

爲人辦事的神壇以及寺廟，這種無形的東西更多。就如醫院，因爲進出的多是病人，醫院怎會乾淨，若說醫院不乾淨，健康的人都不去，誰給病人看病，誰護理病人？來探病的家屬，除非自己抵抗力弱，免疫系統有問題，怎會因進出醫院而生病？

來向神壇求助或到廟裡祈福的，哪個不是有問題，他們自會帶來一些有的沒的。沒能力的人會向有能力的求助，同樣的，沒能力的靈也會向有能力的靈求助，誰說不宜？寺廟中這些有的沒的更多，通靈者的神壇或服務處與之相比，不過是小巫見大巫。那麼大家是否不要去寺廟呢？

指控別人的地方不乾淨，正顯示此人根本不通靈，若通靈，能見到有的沒的，不會說出這麼沒常識的話。若此人眞在這種地方卡陰，可見他的精神免疫系統出問題，一如生理的免疫系統出問題，自然疾病容易入侵，他若眞被外靈卡上，跟進出這些地方無關，跟他自己心術不正有關係。

一個人不分青紅皂白，一味亂罵人，以爲罵人便可抬高自己的身價，而且信口雌黃，這種人早已邪魔入侵，何需到呂太太、三少爺處才卡陰。

當年我踢算命館時，有一位姓高的算命師，自以爲了不起，我卻隻字未提他，不爽，便告到法院說我毀謗，他的目的不過是想藉機告我打知名度，上電視露頭露臉。

媒體的熱鬧是一時的，過了幾天，誰也記不得這回事，告了我半天，他的生意每況愈下。能說善道的算命師多如過江之鯽，二、三十年前，他還小有名氣，如今，誰知道他是誰？

他不過想借我的知名度，力挽他江河日下的算命生意。

他若眞相信自己算的東西，怎敢到法院去告我，我曾讓人把我的八字拿給他算，這個朋友爲試他的功力，帶了好幾個八字給他，他對其他人的八字評價不高，唯獨對我的讚譽有加，認爲我將來不得了。

我的書《上帝也算命》中很清楚地寫出我的八字，他是看了我的書才告的。我日後若眞是富貴逼人，他怎敢老虎頭上拔蝨子，可見他不過是胡扯八道，騙死人不償命，因他連算過我八字的事都不記得。

我勸呂家母子不必理會這種人，眞有本事的生意做都做不完了，哪有空去修理別人。當年被我修理過的算命師們，今天照樣在電視上信口開河，大賣各種加持物，各種教人如何發財、生子、求桃花、做風水的書籍。

因爲大家都想不勞而獲，都想異想天開，台灣人的錢很難賺，卻很好騙。所以算命師只要會吹噓，永遠有人會入其彀。

第十章 陰陽雙修

文芬告訴我，新竹科學園區有位女士找上門，要揭發一個神棍，她問我是否有興趣與對方面談，我當然有興趣。

於是我們見面了，她還帶了一個師兄，我一看那位師兄的名片上印的是出售各種佛具、加持物，心裡已有數。

那位女士四十出頭，長相清秀，她先拿出她寫的稿子，我當場看完，看完後發現她整本稿子揭發神棍的部分很少，而且都是輕描淡寫，反而一再歌頌她帶來的這位師兄。

我問她，既是揭發神棍，爲何寫得這麼不痛不癢。她說她有不少朋友還相信那個神棍，她不好全寫出來，因爲會傷害她們。

我要她說出詳情。

她娓娓道來，神棍叫吳×中（或是忠），自稱建中畢業，日本、美國留學回來的外科醫生，後因爲人做手術時手會發抖，才放棄做醫生，有過一次婚姻，離婚後帶著一個女兒。

他自稱在某種機緣下通靈，成爲一代宗師，由於他能說善道，園區內不少高教育高收入高位階的女性信服他。他本來一文不名，由於這些女信徒的捐獻，便蓋起大廟來。

他告訴信徒他女兒得了不治之癌，要到日本就醫，女信徒慷慨解囊，不意這位女士有次遇見他女兒，看她活蹦亂跳，問她生什麼病，孩子很天眞的說她沒病。

慢慢地，她發覺他不過是個斂財的神棍，他連英文都不通，遑論日文。

高教育高無知

這些女人被騙財倒也罷了！還有不少被騙與他或其他他找來的男人陰陽雙修。有位女信徒不肯跟這個神棍發生性行爲，他便拿假陰莖給她，要她當衆自慰，而且拍照存檔。

我聽了如此荒唐的情節，想起張開基說的高教育高無知。不過政壇上、商界中被神棍耍得團團轉的有得是。像鐵路局找混×禪師改風水，結果紕漏出得更多。

我單刀直入問她是否婚姻有問題，她極力否認，說她婚姻美滿、工作穩定、子女OK。「那妳爲何會信這個神棍？」我不客氣道。

「我只覺得難道我自己就這樣過一生？我想做些事，一些偉大的事。」

「妳既然生活無虞，婚姻美滿，何不去做義工，幫助別人、充實自己呢？」

「我有做呀！不過我覺得這些不夠，我要做更大的事……」

「什麼是更大的事？做證嚴法師？德蕾莎修女？她們也是從卑微處做起。以我自己爲例，我從未想過做什麼大事，只是義憤塡膺，便投身婦女運動，爲自己討公道，後來成名也是始料所不及……。」

她沒回答我的話，後來文芬告訴我，讀她稿子後半段那個神棍說她是什麼菩薩下凡，顯然她是因此才受到蠱惑。

哈！又是一個慾求不滿、貪念甚熾的人，人若不貪，怎會被金光黨、神棍騙？

我不客氣問道：「那些跟神棍陰陽雙修的女信徒，大多是情慾得不到滿足，壓抑過甚，藉此機會解放自己？」

她不悅道：「施老師這麼說就太嚴重了，她們是眞的相信他。」

「是嗎？張開基說得好，若陰陽雙修可以修成正果，妓女最容易修成正果，因爲她們每天不知修多少次。難道這些人都不看電視、報紙？沒看過神棍騙財騙色的事？未免太說不過去了。」

「她們是眞的相信他……。」她強調道。

「我認爲她們只是受制於他，跟他發生關係，被拍照留念，這事要被她們的配偶或家人知道不鬧翻天才怪。她們受過高等教育，不是白癡，怎會隨便跟男人睡覺？若她們不是慾求不滿，怎會乖乖上床？她們一定是假正經的人，假神諭爲名，實際趁機做她們平常不敢幹的事。

「目前各級學校都在推廣性教育，每個國小生都知道不能讓人隨便摸她們的身體，即便是家人，也不能摸私處。」

「她們都是職場上的老鳥，社會歷練不會少，竟然還相信這套陰陽雙修的謬論。我絕不相信她們這麼天眞。……」

「施老師！她們是眞的相信他，其中有些人，我一再勸她們，要她們看淸眞相，她們還是深信不疑。」她無力辯解道。

「我不認爲她們不知道他是神棍，只因她們有把柄抓在他手中，更不願承認自己是如此無知愚昧，才會受騙上當。這其中，承認自己愚昧到極點才會被神棍如此擺佈是她們最不能面對的。她們不能揭穿神棍，因爲揭穿神棍，會揭露她們內在最不堪的一面。這種狀況在心理學上有許多例子，加害人與被害人成了共犯結構。所有的邪教如人民殿堂、奧姆眞理教都是如出一轍。她們自知受害，還會拉更多無知的人進來，受害人一多，她們會愈來愈心安，因爲笨人不只是她們，原來是這麼多。神棍騙財騙色的故事並不如表面這麼簡單，而有許多複雜的心理機制，所以妳應該勇敢的揭發出來，以免無辜的人再受害。

「妳不是要做大事嗎？這就是大事呀！我一直很佩服徐璐和李明依，她們很勇敢說出她們被性侵害的事，如果每個女人受害後都肯勇敢的說出來，可以減少更多的人受害。」

「不過她們有些人是眞的相信他……」

「我不相信，除非她們是白癡，若她們是白癡，今天也不會在科學園區位高薪高了。」

「施老師說得有道理……」

「妳的稿子有三分之二在談這位師兄，我不認爲大家對這部分有興趣，他多好，只是妳個人的感受，他若眞有能力，自會有人找上門。妳還是把吳×中的劣跡詳細寫出來，妳難道怕他有法力對付妳？」

「他有什麼法力，即使有，我也不怕他。」

她這位師兄不過是另一個神棍，一進門來就說陳文芬卡到幾個，在座其他客人，有誰卡到，我聽了就好笑。

偌大的空間，怎會沒有各種靈在，那些靈跟你無怨無仇，他們卡你做什麼？當然你倒霉時，會碰到瘋狂的飆車族，不分青紅皂白砍人，或碰到小混混來尋釁，但畢竟是少數。如果治安敗壞到極點，我看沒有人敢上街，台灣真要進入黑暗期。事實上，台灣的治安比大多數地區要好，至少人們在晚上或半夜三更還敢出來活動，換上美國紐約市，我想大家還是少出門爲妙。

文芬事後告訴我，她這個師兄是在幼稚園開娃娃車的，學歷也不高，卻騙得她團團轉。他告訴她，她有天會出書寫他，所以她寫這部手稿，不過是用吳×中這個神棍來烘托這位師兄是多麼術德兼備。

但在我看來，她不過是從這個神棍的掌握中跳到另一個神棍的掌握，十分可悲。因爲我問她這位師兄我卡到幾個，他立刻拍馬說我元神旺，不會卡陰的。問題是他不斷稱我「吳老師」，他連我是誰都不識，還膽敢自稱通靈。

信教才是好人

她問我有沒有宗教信仰，我說：「沒有！」

「爲什麼？」

「我的書中寫得很清楚，人不需要宗教，只需要有悲憫的情懷，特別是不需要那種排斥他教，唯我獨尊的宗教，如基督教強調的『除祂（耶穌）以外別無拯救。』」我反諷道：「妳認爲信教的都是好人，不信的是壞人？即便不是壞人，也是不可靠的人？」我很清楚她內心的想法。

「我覺得人還是有宗教信仰比較好，我不是說施老師不好……。」

又來了！假宗教爲名而行惡的人比比皆是，史不絕書，中國的聖賢大哲，有哪個是有宗教信仰的？因爲儒家的教訓是「敬鬼神而遠之」。中國文人欣賞佛教教義者甚多，也有不少人在仕途不得意，屢遭貶逐之際，從其中找到安慰或解脫，如王維、蘇東坡，但他們人生的重心絕不是宗教，他們也不以教徒自居。

一個高教育者還擺脫不了「信教的是好人，不信的是壞人。」這麼簡單的邏輯，我看她的書是白唸了，她的見識與愚婦何異？無怪乎一直受神棍擺佈。

他們走後，我對文芬說：「說實話，寫完《看神聽鬼》後，我並不想寫第二本，再寫也一樣，她看過我的書還如此愚昧，有看等於沒看，無怪乎張開基在揭發靈異界種種騙局後也意興闌珊，因爲寫再多也沒用，這些人寧可跟隨神棍，也不願到書店去多買幾本書來看。」

果如我所料，她當晚告訴陳文芬她不會揭發神棍，因爲她有宗教信仰，施老師沒有宗教信仰，她可以愛寫什麼就寫什麼。

換言之，我反正不怕報應，可以罵盡天下人，而她是好人，她不能造業。

她不肯揭發神棍，還以好人自居，我不知她要負的因果爲何，她如此畏因果，卻要寫書歌頌另一個神棍，萬一這傢伙日後證明是神棍，她是否該下十八層地獄？

她的理由未免太牽強了，她不過是用宗教來掩飾她的懦弱、無知、自私。

我在《看神聽鬼》中業已說過，我們的教育最失敗之處是一味灌輸死知識，從不教學生探討生命的意義，人該如何活得有意義。家長、老師一味功利思想，只要下一代朝五子登科去努力。

在以前，也許耗盡一生才能達到的五子登科，如今科技發達，只要有創意，機運好，不少人在四十歲以前就可達成目標，甚至還超越甚多，接下來要做什麼呢？難道坐吃等死？

他們一路競爭上來，打敗多少對手，才能站在職場高處，他們從未培養過關懷別人的情懷，一味自私自利。他們做什麼都是功利掛帥，宗教信仰對他們而言，不過是買進天堂的門票。

問題是：天堂如果可以買票進場，這種天堂無異是地獄，有什麼好進的？因爲其中全是這些自私自利的人。人們一心想進天堂，從不問問若天堂中充滿花錢買票進來的人，這是天堂嗎？

我告訴文芬，她還癡心妄想做大事，她對人沒有眞正的關愛，太貪了，無怪乎一而再，再而三的受神棍蠱惑，我擔心的是她日後精神會出狀況。

有一次上吳淡如的節目談通靈一事，我半開玩笑說：「爲何神棍全是男人，怎麼沒有女人出來騙一些幼齒男人上床，佛母也要佛公配呀！照藏傳佛教的解釋，佛公佛母做愛，是慈悲與智慧的結合。我看我該改行當女神棍，誘騙一些年輕男人……。」

下了節目後，有同上節目的記者說：「施老師，輪不到妳去當女神棍，早已有了，人家都是私下進行，像妳這樣公開喊話，誰敢跟妳陰陽雙修。」

不再著相

新加坡來的前輩一再強調，佛堂在我的臥房上會使我的健康受損。我並不擔心佛堂在臥房上會影響我，我總覺得弄一個正經八百的佛堂未免太著相。

不料兒子主動提出撤掉佛堂，於是請慈惠堂師父擇吉日，將神像送回慈惠堂並將佛堂淨空，陳先生幫忙拆佛龕，重新油漆，屋內煥然一新。

第十一章　初識自發功

一天，我與半僧通電話，我告訴他我的胃因長期服用降血脂的藥而不舒服。他告訴我他練一種自發功，練沒多久，便將他三十多年來的胃疾治好，他以前吃過各種中、西藥都沒效。

我一聽練功便皺眉，因我不喜歡那些有招式的氣功、太極、瑜珈或體操。謝醫師教過我不少招式，我沒耐性做，做個兩、三次，不見效便不做了。

半僧曾給我如何打坐的講義，我看後便束諸高閣。謝醫師借我不少氣功的書，他強調一定要練功，光靠他的醫術是不夠的，這點我也很清楚。

剛下鄉時，仗著自己精力過人，每天拔草修剪樹枝。去年脊椎終於掛了，一開完刀後，醫生警告不可再彎腰拔草，我的運動量便不足。

但我對氣功、瑜珈、太極實在沒興趣。我也誠實告訴半僧。他說他會寄自發功的書給我，我看了就知道是怎麼回事。

不幾天，他寄來四本書。

這四本書花了我兩個月的功夫才看完，因爲有點難看。作者林孝宗教授怕初學者胡亂練，便一再重複講解，重複得令人發煩，我有點看不下去，便擺在一旁，最後我仍勉力看完。

看完後，便依樣畫葫蘆在自家草地上練起來。

哇噻！不是蓋的，我這個肉腳竟然很輕鬆的運起氣來，我從來不知道氣功如此好練。

我練了兩天，有點擔心自己沒做對，而且動作太大，使我不敢練下去。於是照書後的電話，打到中央大學給林教授。我先報上姓名，他一聽便說他要謝謝我，因爲我的《看神聽鬼》，他可以請一些卡陰問題嚴重的人去向那些通靈者求助。

我跟他約好兩天後的早上去中央大學找他練功。我跟他約定後便問陳家夫婦有沒有興趣去，他們立刻表示願意，也沒問什麼是自發功。

兒子聽後也願意前往，他知道我在研讀自發功的書，但他並未問我內容爲何。

我在去中大的路上才跟他們說何謂「自發功」。

林孝宗是中央大學化工和材料工程系的教授。一九九五年春假，他一家人與好幾個家庭出遊，好友陳志雄一時興起，教大家練自發功：兩腳自然立著，與肩同寬，雙眼輕閉，身心放鬆，當體內生起一股力量要帶動身體時，就隨著內力動，不加抗拒。

不意幾分鐘內，他體內果眞有一股內力湧現，身體便不由自主的開始前後晃動，然後重複做出向下彎腰，向後甩手的動作。此時意識仍是清楚的，知道自己在做什麼樣的動作，周圍的說話聲、笑聲都聽得清清楚楚。大約半小時後，內力的驅動緩和下來，動作自然停止，眼睛自動睜開，感覺好像洗了溫泉一樣的舒服。

這種經驗太奇特了，完全超出一般經驗和知識範圍，他心中雖有很多疑慮，但在好奇心驅使下，還是每天練功，觀察結果如何，並開始探索氣功到底是怎麼回事？

他練了三個月後，不但陸續出現外丹功、龍游功、五禽戲、八段錦、太極拳等一百多種功法，還會採氣、排氣，做出種種治病動作，擺瑜珈姿勢，結各種手印，甚至還能爲家人治病，眞是太奇妙了。

於是他開始研究氣功，收集一百多本有關氣功、中醫和針灸方面的書，看完之後，發現衆說紛紜，無法解惑，於是轉向研究他完全不懂的氣功和經絡學，另一方面積極練功，以自身爲實驗對象，沒想到有了一些重大發現。

他發現人在氣功態下，體內的電場、磁場最強，對電流（內氣）的驅動力最大，因此內氣在某些經脈中的運行量劇增，形成活躍的氣路，因而帶動身體做出動作，就好像機器的電源線通電後，就可帶動機器運轉。

身體做出的每一個動作，都有其相應的內在氣路。任何氣功的招式，其氣路圖早就存在於每個人的內氣系統裡頭。隨著內氣系統不斷發展，內氣所走的氣路越複雜、越高級，自然會做出成千上萬種功法的招式，根本不必學不用記，就會自動做出太極、易筋經等招式。

人人天生是氣功大師

因此氣功並非一般人印象中那麼神秘、難學，而是每個人天生的本能，只要身心保持鬆、靜、自然，很快便能發功。然後由內氣系統按照生命本能去動作，發展到後來能打通經脈、開穴道、採好氣、排壞氣、治療疾病。因人體本來就有自癒的能力。

練自發功過程自會循序發展、自動升級，由於它是從身心最根本的源頭（腦部核心）開始發功，短期不但可以改變體質、淨化心靈，到後來心胸會開闊、心情會開朗，情緒較穩定。

基本上自發功源於人的本能，與宗教、神靈或前世無關，任何人只要身心放鬆，就會自動做出各種動作、治病。

許多氣功大師能爲人治病，療效神奇，讓不懂氣功的人看得目瞪口呆、嘖嘖稱奇，以爲這些氣功大師有特異功能，十分了得，便開始頂禮膜拜。

有良心的以教功、氣療來賺錢，不少氣功大師收費昂貴，有些門派不過教人如何發功，便收五萬元，而且不准當事人將發功的方法教給別人，甚至是家人，把發功的方法說得玄之又玄，神之又神，如太×門。沒良心的便以此歛財或裝神弄鬼，以救世主自居。

其實這根本是人的本能，只要掌握鬆、靜、自然的竅門，誰都會發功，只要持之有恆的練，每個人都能成大師。武俠小說中常說任、督二脈最難打通，還有不少氣功大師以幫人打通任、督二脈而收昂貴費用。其實練自發功，大約第一次練功就可打通任督二脈。

不能練功的人，如肢障者多照幾次頻譜儀或坐頻譜屋，也會打通的。

林孝宗將人腦比喻爲一個超級強大的生物電腦，不僅存有各種應用程式，還有一個強力的作業系統，可管理電腦的運作和執行程式。每次練自發功，就好像啓動了這具超級生物電腦的開關，它的作業系統會立刻檢視身心狀況、氣脈發展程度，以及外在環境，選擇最適合目前狀況的「內氣運行程式」來執行。

一般運動帶動的是肌肉骨骼的運動，只要持之以恆，對身體雖然有益，其功效也不過如睡了一場好覺一樣。

但氣功帶動的是內氣的運行，可以使氣血循環好，新陳代謝加速，五臟六腑，無一處不運動到，除了能促進身體健康外，還能治療疾病。

自發功練到後來，會從動功發展到靜功，靜功最有效的練功方式是靜坐，靜坐提供心靈種子萌芽、成長所需的土壤和養分。靜功練到最後便會自然入定，那時自會體悟一切皆空，身心進入最平和的境界。

林孝宗教了上萬人練功，他在兩年前，將自己練功與教功的心得寫了四本書及一本簡易本。

他原先和我一樣是「敬鬼神而遠之」的人，我們不是不相信鬼神，而是不可知論者，我們都沒有看過或體驗過鬼神，自不會人云亦云或盲目隨從。

第十二章 氣功與心靈

直到他練功、教功後，才發現氣功是開啓心靈寶庫的一把鑰匙，自發功到高功階段，與佛教、道教的主要修行方法一樣，換言之，練自發功是修行的一種方便法門。

他也發現有些人在練功後，因靈覺和氣感增強而表現出種種特殊能力，如：特異功能（神通）、心電感應、開天眼、自發唸咒、畫符和說天語。原來這些都是人們天生有的心靈潛能，只是有些人較容易開發出來，與神佛魔鬼無關。他也試圖用科學原理來說明這些現象。

他最後也談及通靈、附身等靈異現象，他本來不想談靈異現象，以免被人指指點點，怎麼連理工教授也搞迷信，何況，只有極少數體質特殊的練功者才會有這方面體驗。不過，他還是決定寫出來，讓大家有正確的認識，以趨吉避凶，也免得被神棍騙。

極少數體質陰虛、外靈纏身的人，一旦開始練功，會做出相當特殊的動作，有人會又哭又鬧又笑的，好像起乩，若不明原因，心生惶恐而放棄，反而使本來可以解決的問題仍舊持續存在。旁觀的親友會誤以爲因練功而「走火入魔」，其實練自發功才是改善陰虛體質、防範中邪、排除陰氣、解除外靈附身最有效的治本方法。

林孝宗在他的書《氣功與心靈》中很詳細的說明身、心、靈三方面的關係。他認爲身在最外層，心在中層，靈居於最裡層，三者密切相關，靈（眞我）本身具有意識，比大腦的意識（自我）更敏銳、淵博、有智慧。

如把人比喻爲汽車，身爲車子，心是開車的司機，靈是坐在後座指揮司機的車主。佛洛伊德也認爲人經常受潛意識的影響而做出許多連當事人都莫名其妙的決定或行動。林孝宗形容的靈，跟佛洛伊德的潛意識應是同一指涉。

林以電腦做比喻，身是硬體（包括主機、螢幕、鍵盤等），大腦是主機板，心是主機板的記憶、運算等功能，而靈是管理電腦的作業系統或是使用電腦的人。

心與靈是指揮身體的兩套控制系統，這兩套系統相當於飛機的「手控駕駛系統」和「自動駕駛系統」，在飛航情況穩定時，飛行員可從手控改成電腦操控的自動駕駛。

人活著的時候，本靈依附在身體上，以氣做爲其動能，也藉著氣來傳遞信息以指揮身心進行種種活動。人死之後，靈則脫離人體。

林孝宗練功，教功後，對靈異和輪迴的認識和我不謀而合。

我不知道他以前是怎麼看待生死輪迴的，而我選擇相信人是一死百了。不過我們現在都知道生命是不死的，肉體死亡，還會以另外的形式存在。人若知道有因果輪迴，便會對此生有不同的看法和做法，生命的目標與生活重心也會有所調整。

依林的看法，人活著時候，本靈在體內主導生命活動。人死後，靈則脫離人體，變成帶有能量、具有意識作用的靈魂。

林以爲民衆把吃齋、禮佛、誦經、做法事、行儀軌、布施、放生等當成修行的主要內容，其實做這些事與修行並無直接關係。這一點呂太太深表贊成。

他以爲修行最重要的方法是修氣脈、修心。修行人不斷的淨心，讓心靜下來，靈動起來，減少心識的活動、消除心識的干擾、解脫心識的束縛和遮蔽，讓本靈顯現出來，發出生命本有的智慧，最後與宇宙萬物之靈合流，達到天人合一的境界。

心相當人機、靈相當天機，道家說：「人機不動，天機自動。」他自己以及許多有宗教信仰的練功者在練到高功時對佛經、聖經上的經文會有更深刻的體會，而不會局限在字面上。

根據有瀕死經驗者的敍述，大多數人在瀕死前，一生重大的經歷，會在腦海中一一重現，好像錄影帶在快轉。如《楞嚴經》所說：「臨命終時，一生善惡，頓時俱現。」林以爲這種現象可能是正在將腦部重要記憶轉錄到本靈的記憶體，準備在人死後由靈魂帶走，成爲下一世的靈憶。

林認爲人的本靈與鬼神同類。他以爲人、鬼、神三者間的差別，可能在於氣的屬性。道家認爲氣有陰、陽之分，神、佛爲純陽之氣，鬼魂爲純陰之氣，所以也稱陰靈，正常人陰陽大致平衡。有些人偏陽，有些人偏陰。

他說明容易被附身者的特質是身體衰弱、多病、個性較陰柔、缺乏主見、多愁善感、心理不太平衡、心靈比較空虛、比較迷信宗教與鬼神。有些人是心術不正、貪求名利、希求神通，而主動請外靈附身。正如《楞嚴經》所說：「主人若迷，客得其便。」如以養小鬼來使自己通靈的。

體質陰虛易被外靈附身者，身體像吸塵器一樣，很容易吸納各種壞氣，但排氣能力卻很差。

被附身者所呈現的症狀，林孝宗也列出來，如身體非常瘦弱或浮腫虛胖，臉上氣色很差，不但蒼白，而且帶點灰黑色，鼻梁兩側眼角帶青，有人眼神渙散，有人凌厲如刀。

體力很差，只想躺著不動，常常一副病懨懨的。很容易感應到別人身上的病痛或是感知別人是否有外靈附身。體溫較低、手腳冰冷，經常生病，一生病就不易治好。

時常精神恍惚，思緒雜亂，諸事不順，障礙多，運氣差，怕見陽光，經常失眠或十分嗜睡。

憂鬱症、躁鬱症、精神分裂等各種精神疾病患者中有不少是因外靈附身引起的，這也可說明有些病患在藥石罔效後去找高明的通靈者或宗教法師，處理後會痊癒的原因。

很多精神科醫生不相信精神病人是中邪，換上以前的我也是不信的，如今看多了，由不得我不信。

不過慈惠堂師父和呂太太都表示，精神病患者剛發病時較好救，若是長期患者，他們也愛莫能助。卡陰與中邪較好處理，若卡到冤親債主便難處理。

走火入魔的眞相

有些人並不知道自己被附身，直到練自發功時，因爲排壞氣，那些附身外靈抗拒，身體便會動作劇烈，臉上表情痛苦，好像在極力掙脫身上束縛。大哭、大叫或發出野獸的嘶吼，或詭異的笑聲，或以很難聽的聲調講靈語或唱歌，有些動作像乩童起乩或道士作法驅邪。

只要當事人繼續練下去，慢慢會排除掉，有些人第一次練便出現這些狀況，還以爲是練功練得走火入魔，其實這是倒果爲因。

因此，常常有人因練功而精神病發作，有如中邪，林很詳細的說明何謂走火入魔。

走火係生理症狀，而入魔是心理症狀。

走火因練功不當或收功不完整，導致內氣累積在某些經脈，引起生理上的不適，如腦脹、頭暈、想吐、燥熱、胸悶、腹脹。

入魔是練功中所產生的幻覺（幻視、幻聽），引發妄想、心神不寧、焦慮、恐懼等心理症狀。

練功本身不會走火入魔，收功不全會走火，如本身早有外靈附身才會入魔，但大家不明究裡，倒果爲因。

（以上節錄自林孝宗著的《自發功》和《心靈與氣功》二書）

第一次發功

我們一行四人到中大的草坪上向人問訊，經別人指點便找到林孝宗。我以爲他是四十出頭，後來才知道他與我同年。

換言之，誠如他書上說的，練自發功能使人年輕，六十歲的人，練久了有如四十出頭，如二、三十歲便開始練功，容貌會一直顯得很年輕。

我因自己練過兩次，經林與另一位教授指導，我立刻大動作起來，動到無法停止，直到半小時後才逐漸歇下來。

第一天練下來，我便有非常神奇的體驗，儘管大汗淋漓，十分疲累，卻覺得通體舒暢。

其他三人也都很快發功。回程的路上，大家嘖嘖稱奇。

回家後，我和兒子每天都練，每天都有新招出現，原來武俠小說形容的一些境界，還眞有其事。開始，我都是在治病，後來出現一些太極和舞蹈的姿勢。

我是「好康道相報」的雞婆個性，我和陳太太兩人熱心的推介給鄰居和朋友，有些人聽了心嚮往之，立刻前去中大報到，學會後十分驚喜，也有不少人聽了沒什麼反應。

後來我發現肯去嘗試的人，一種是有病，而且是痼疾，所以很願意去練功，好治病，延年益壽。一種是天性較單純，比較不執著，有正當嗜好，愛好音樂、藝術，具有溫和、善良、慈悲心懷、喜助人者。

不喜練功的人：個性懶散、缺乏恆心毅力，個性急躁沒耐心，七情六慾重，我執很重。

如此一來，也很容易發現一個人的眞性情。

不居功的學者

林孝宗最了不起的地方是他破解了氣功的神秘性，有許多人練了一輩子氣功也是知其然，不知其所以然，包括氣功大師在內。

他有關人體結構的論述，可以給中醫界參考，因爲有關經絡穴道的理論也是衆說紛紜，大家都是瞎子摸象，如今有了全貌，大家可以印證，應有更多的發現。

坊間教氣功的門派林立，收費頗高，兒子曾於十多年前學過，打通任督二脈便要萬元以上。如今才發現任、督二脈是最容易打通的，只要自行練功即可。

我跟林孝宗說他眞是功德無量，中國大陸因醫療資源缺乏，當局原先鼓勵民衆練氣功，後因氣功師歛財、裝神弄鬼，搞什麼特異功能以及有不少人練後引發精神疾病而遭到禁止。

問題是中國社科院（相當台灣中研院）如此多精英，也沒人搞懂怎麼一回事。當年陳履安做國科會主委時，曾找學者專家來研究氣功，最後出了一個搞手指識字的台大校長李嗣涔。

如今林孝宗在沒有任何學術機構資助下解構了氣功的神秘面紗，原來運氣是每個人與生俱來的本能，只要掌握鬆靜自然原理，每個人都能發功，每個人都能練到高功。

在媒體上看到罹患卵巢瘤的曹又方到加拿大去學自救功，陳若曦告訴我她練過，一上來便要蹲馬步，十分辛苦，她練三個月便放棄了。何需遠渡重洋，花大把銀子。中央大學的草坪上，每天早上七點到八點，林孝宗親自教功，不收任何費用。買他一本書，一面看一面練，很快就心領神會。

我會發功後，再回過頭來看他的書，才明白他爲何要寫得這麼鉅細靡遺，因爲有其必要。他的書有如拳譜，每進入一個新境界，都可看書來印證，發現自己又有精進，自會喜不自勝。

自發功又叫懶人功，再不愛運動的人，只要學會發功，無論動靜坐臥，無論置身何處，即便是在舟車中都可以發功，讓疲累的身體注入新的能量。

重度肢障者可以從靜功著手。我倒是先從坐頻譜屋中感受到氣動的經驗，在頻譜屋中，上身會不自覺的搖晃，因此練自發功時，很快就進入狀況，天氣陰冷、風大，不適合在外面發功，便坐頻譜屋。

許多人要林孝宗組織一個自發功協會，林不肯，他認爲有組織就會扯出許多事來，如錢與權力的問題。我認爲他是一個很有智慧的人，淡泊名利，樂於助人，換上別人，早以此大賺其錢了。

九月底，我與建中一位老同事在一個聚會場合中碰面。當年在建中，我們並不熟，因他不久便轉往大學教書。

我進建中那年三十六歲，他比我大上四、五歲，但他的容貌像二十七、八歲。如今我們都是六十開外的人，他看起來仍比我年輕許多。

他誇我最近氣色好多了，我告訴他我在練自發功，他不懂何謂自發功，經我說明後，他才明白他自年輕時便練到今天的功，原來是自發功。

他年輕時有氣喘過敏的毛病，自幼體弱多病，後來做國學大師錢穆老師的學生時，從錢老師處學會自發功，三十多年來，每天都練功，到老了後，身體愈來愈健康。他已練到會在不知不覺中入定，發現形體全無，意識進入十分平和狀態。

他的個性一直是開朗的，十分幽默，心性平和，他上課叫好又叫座，桃李滿天下。

不似我，個性衝動，十分毛躁，無法自在。

我告訴林孝宗有關他的事，半開玩笑說我若年輕時便練自發功，心性一定很平和，不會去衝鋒陷陣，搞得自己大半生都在急怒攻心之中。林笑道：「施老師還是不要太早會自發功，台灣婦運會少了一名超級戰將。如今學也不嫌晚，人生責任了了，學會自發功，仍會進入和平的境界的。」

我將林著的四本書送謝醫師一套，他看了十分開心，因爲他自己治病，練功有許多心得可以驗證，他是基督徒，看完書，對聖經又有另一番體悟。

我告訴他老同事的事，謝醫師說：「施老師，妳這一生把自己定位在『奇人』而非『偉人』，當然，妳也不屑做偉人。」

謝醫師一語中的。誠如米蘭・昆德拉《生命中不可承受之輕》中的男主角湯瑪斯醫生，他從不唱高調，一向扮演遊戲人間，玩世不恭的角色，但臨大節時，他比那些自詡爲聖賢的人都有節操，絕不媚俗。

我的個性太急躁，學不會眞正的玩世不恭。但我決不想媚俗。「奇人」是我心嚮往之的角色，問題是我還沒那個能耐，只有努力去修爲吧！

不過林孝宗跟我一樣，專做擋人財路的事，我揭發神棍、算命仙的伎倆，讓人減少受騙上當的機會。而林揭開氣功的神祕面紗，原來氣功如此簡單，根本不需花大錢拜師學藝，自然引起不少氣功大師的批評，說自發功是起狷功，問題是他們若仔細讀完林的四本書，應感汗顏，因林替氣功建構了科學的理論。而這些大師們，沒有一個人有此能耐。

林告訴我，一般人若卡到陰，只要勤練功，三個月或一年半載就可以排掉，但若卡到冤親債主，需要先找能力高強的通靈者與對方溝通，否則是排不掉。這也是他在接我電話後跟我道謝的原因，他原本要卡到冤親債主的人去正派的大廟求助。我告訴他正派的大廟未必能解決此問題，而是要找高明的通靈者。由於我的《看神聽鬼》，他可以讓有這方面問題的練功者求助有門。

我將他的書給呂太太看，呂太太特別稱讚他的《氣功與心靈》寫得十分好，與她的通靈經驗不謀而合。她只想強調一點，卡陰或卡冤親債主的若能先處理後再練功，才能把壞氣排掉，因她曾處理過一些個案，當事人練氣功時，冤親債主站在一邊，一旦當事人練完功，冤親債主又上身，因此練了也是白練。

第十三章　現代神農氏

泰德給我們介紹了一個空虛道長，我和文芬立刻前去拜訪。

空虛道長的神壇在新竹寶山鄉，我們兩人坐火車，再坐計程車前往。

他的神壇十分簡陋，他的打扮一如泰德形容的，脖上掛個大金鍊子，口嚼檳榔，十分的「台」。

他年輕時不務正業，混混一個，做過不少行業，後來做飲水機、烘烤爐的生意。

有一次，他到楊梅一個神壇去裝飲水機，不料那個神壇的主持人是個騙子，裝後不付錢，每次都說要付錢，等他上門去催討，對方又黃牛。

有一天，他火大了，便把神壇上的神明用小發財車全搬回家抵債，他當時只有一個念頭：「我把這些神全載走，看你日後拿什麼來騙人。」

神明拿回家後被太太罵到臭頭，問他拿這些回來做什麼，家徒四壁，連放的地方也沒有，只有擺滿飯桌，不夠擺便擺在椅子上。

他看著這些神明，也很納悶，自己是否頭殼壞去，才會把祂們弄回來。

不料有個建商看見這些神明便跟他說，如果把當初供神明的香爐也請回來，他願意出價二十五萬全部請回去。

神棍才欠他十多萬，這些神明竟值二十五萬，他不是賺回來了嗎？

於是他去找那個神棍，對方不肯給他香爐，他提議擲杯筊，結果他擲出聖杯，對方只好讓他拿走香爐。

他把香爐拿回家後，建商過來要請回去，他突然說：「你給我兩百萬，我也不賣給你。」

建商走後，他老婆又痛罵他，白白送走二十五萬，不知道他腦筋想些什麼。

當他敍述他通靈的經過時，他老婆坐在一旁，除了爲我們添茶倒水外，也補充說明。他老婆說在他沒替神明辦事前，算是一個不負責任的男人，吃喝嫖賭樣樣來，後來才改邪歸正。

他每天看著這些神明，自己心裡也發愁，他也不懂自己爲何要留下祂們。慢慢的他開始會聽見聲音，他以爲自己精神有問題，嚇得半死，逐漸才明白神明要他辦事。

他根本不知道如何辦事，便開始走靈山，到處訪聖求仙，看看是否能找到給他指點的人，後來才發現那些人都不通靈，無法指點他。

三腳蟾蜍下藥方

第一次有重病的患者找上門來，他自己都慌手慌腳，也不知神明示下的藥單是否有效。

他是個大老粗，沒受過多少教育，一旦神明指示，他開起藥方來，寫的書法十分工整，他有個堂兄是寶山地區的書法家，不相信他能寫出這麼工整的字，他便當場揮毫，對方這才相信他通靈後有此能耐。

他開的草藥全是單方，泰德的太太是中醫學院藥學系的教授，經她化驗後，確實是有效的方子，而且往往是以毒攻毒的方子。

他本人當然不通中醫、中藥，他不過依神明指示，他原先也擔心會不會吃死人，到底有效否？

有些人得了他的方子而藥到病除，特來神壇致謝。

他坦誠道他沒辦法救所有上門的人，還得他們有命，若神明不肯示下，他便婉拒。

他自己有個女兒患重病，他問神明他女兒是否會好，神明指示在×月×日×時若過關便過去了。

不意他女兒竟去世，他氣得半死，恨聲罵神明，不再替祂辦事，不管祂如何威脅利誘他，反正他罷工罷定了。

過了三個多月後，神明跟他好好商量，神明說他聽不出弦外之音，才會誤會祂的意思，他與神明談判，日後要找他辦事，指示要明確，不可模稜兩可，讓他瞎猜，因他是粗人，沒這麼多心眼，神明也答應了。

他強調他只是照神明指示辦事，絕不敢自作主張，有人找他安神位，他一定一是一，二是二，絕不欺瞞。

有仲介來找他，只要他肯美言幾句便包大紅包給他，他絕不幹傷天害理的事，寧可粗茶淡飯過日子。

後來那幢房子被人買去，買去不久，政府要拓寬馬路，房子被拆了三分之一，如果他當時昧著良心，不是害到找他看風水的客戶嗎？

他收費是隨喜，如果病治好了來還願亦是隨喜。

我和文芬當然要試試他的功力。

我要他看看我兒子的事業，他認爲我兒子年底前會有財務上的危機，會被騙錢。我跟兒子說這件事，兒子說他今年整年沒什麼進帳，全靠去年賺的錢在撐，怎會被騙錢？要被人騙，至少也要有錢，連錢也沒有，如何被騙？

空虛道長認爲是他賭博時被騙，但兒子根本不會賭博，他不嫖不賭，不會喝酒，不到聲色場合去，如何被騙？

他要我們去公司附近的土地公廟拜拜就可化解了。兒子雖從小在國外長大，做生意仍依本省習俗，開張時拜拜，喬遷時拜拜，要他去土地公廟拜拜，他也不排斥，只要有生意作，何況自公司遷來此處，也該去拜碼頭。

他認爲公司的負責人應讓小兒子做,因小兒子的運旺,但我告訴他小兒子是外國籍，要做公司主管還有許多手續要辦，十分麻煩。

我當然希望兒子們成功，但太早太快成功，對他們未必是好事，年輕時多點挫折失敗，多點教訓，讓他們可以學到解決困難的方法，如果一開始便一帆風順，日後若栽跟頭，怕是跌重了爬不起來。

兒子們自己也有心理準備，能做得下去便做下去，實在做不下去便另謀出路。我能照顧他們一時，也無法照顧他們一輩子。

後來發生一些事，證明空虛道長在預測未來上不準。他擅長的是治病，不過他強調他只治群醫束手無策的病人。如果中、西醫可以治，他會勸當事人去醫院治病，他這兒是死馬當活馬醫。

文芬說他預言她的朋友去年本來會吃官司，但因有血光之災，所以便化解了。她原以爲他是信口開河，後來才發現她朋友確實差點吃官司。

我問空虛他的指導靈是誰？他不諱言是一隻三腳蟾蜍。我跟他說絕大多數神壇負責人都會說他們的神明是三太子、九天玄女、媽祖、觀世音、濟公，事實上，很可能是一些能力高強的鬼或精怪假托的。就算通靈者知道來者是誰，也不會這麼誠實。

空虛說他不避諱他的神明是三腳蟾蜍，只要有益衆生即可。

第十四章　祭神如神在

兒子從今年四月以後，身體狀況一直不好，生意也遇瓶頸，去年忙得連睡覺時間也沒有，今年不見顧客上門，即便作品得獎。換言之，叫好不叫座，所以身心都很疲憊，打不起精神來。

大半年過去，做得有氣無力。到了九月中旬，他陪一位朋友去找半僧居士問事，半僧發現他身上沾了穢氣，而且有一段時間了。半僧也納悶，因爲八月初才與我們母子見過面，當時並未發現。

他建議兒子去八德路四段虎林街上的台北府城隍（昭明廟）去祭改。

昭明廟的祭改儀式十分正式，做祭改的道士十分敬業，祭改一次約一小時，他們早上八點開門，晚上六點關門，每一小時做一次。

我坐在一旁看進行的儀式，突發奇想，我這兩年來探索靈異、宗教，收穫頗豐，何不去輔仁大學宗教研究所上課，正式登堂入室，說不定有更大的收穫，繼之，想到泰德說過他爲了探究眞相，讀過輔大宗教研究所，在學理上也許有些收穫，但無關乎心靈成長，所以獲益不大。

我去過不少廟，見過不少做法事的場面，府城隍裡的道士（特別是一位女道士）是相當敬業的。

廟裡的道士們並不通靈，但他們做儀式十分愼重，誠如孔子說的「祭神如神在」。鬼神重視的絕不是祭品豐盛與否，而是祭拜者的態度。

跟兒子同時祭改的有一位女士，一上來便心不在焉，十分不耐煩，祭改完後，道士請她擲杯筊時，連擲好幾次都沒出現聖杯。看來神明不爽她祭拜的態度。

呂太太的本事

十月初，我有事請教呂太太，我給她一個名字，她在電話中說：「施老師，我說出來，妳會罵我。」

「爲什麼？」

「菩薩說他不是什麼好東西，他是壞人。」

「哦！你以爲他是我朋友？他不是，他確實是壞人，我現在要對付他。我當年跟他買我現在住的地，這三年來，他只要不爽，便整我冤枉，擅自斷我的水，我以前不想跟他結怨，一直忍氣吞聲，如今他變本加厲，我不想再忍耐，我要跟他攤牌。」

呂太太這才放心，因她說對了。我接下來再問她一些問題，發現她的神明對此人瞭若指掌，有關他的爲人、心態說得十分準確，我已知如何對付此人，換言之，我要出的招是有效的招。

我又問她半僧說我兒子沾到穢氣以及他去祭改的事。呂太太說他身上穢氣還未除淨，他公司內也有穢氣。

於是我跟她約了帶兒子去她那裡處理。

到了呂太太的神壇，呂太太告訴兒子，他身上的穢氣已有半年之久，這也是他覺得身體不適、精神不濟、事業不順的原因，他是如何沾上的，應是到不乾淨的地方，正巧他又因感情不順遂、心事重重，換言之，精神的免疫系統失靈（元神較弱）才會沖撞上的。

公司裡的穢氣，應是公司員工或來洽談生意的顧客中家有喪事所致，因這股氣是老年往生者而非年輕的，也有四個多月。

兒子說他住在第二殯儀館附近，他家中有問題嗎？呂太太說沒有。問題出在他公司，生意不順，與此有關。

呂太太當場替他處理好。回去的路上，兒子很納悶，公司裡為何會有問題？

當初半僧與呂太太都認為公司所在地的風水很好，生意會做起來。

傍晚，我們母子三人難得聚在一起吃晚飯，突然，兒子想到公司有位員工（她是part-time）的外公在四個多月前去世，她自小由外公扶養長大，外公與她最親，放心不下她。

難怪中國的習俗是家有喪事的人，在喪事未辦完前，最好不要上人家家去，如今是工商業社會，總不能請喪假百日吧？最多一周便要上班。

我不應說是「穢氣」，只能說「陰氣」，畢竟外公放心不下外孫女，才跟著她過來，不過是愛孫心切。

這事更提醒我，務必在死前放下一切執著，包括對兒女親情的依戀，一定要走得心無掛礙，否則在死後像我父親或這位員工的外公跟著我們，不但於事無濟，反而因陰陽兩隔，而人不適應陰氣，跟久了，會使人身體不適、精神不濟、辦事不力。

美國知名靈媒艾莉森・杜柏說過：「我總是替那些鶴立雞群的年輕人擔心，因爲他們內心裡面有光，會透出光來，年輕的時候我常聽人家這麼講，如今才懂得其中的道理。惡靈很自然會受到光的吸引，試圖控制光明。惡靈從大老遠的地方就看得到發光體，遺憾的是，光明的人要發現惡靈經常比較困難。」

呂太太、半僧居士、陳銘村都無法確定我兒子的穢氣從哪來，他們以爲他喜歡出入聲色場所，兒子說他從沒興趣上夜店。過完舊曆年，我們母子三人到柏林去，因兒子們參與製作的短片《微笑的魚》獲評審最佳影片獎，這是台灣第一次在柏林兒童影展獲大獎，十分受好評，兒子上台領獎時好不風光。

消息傳回國內，各大媒體皆有報導，兒子們創業三年，總算有成，我亦與有榮焉。這時我才明白他爲何會沾到穢氣了，因爲他即將嶄露頭角。不過我仍要感謝呂太太爲他清穢氣。府城隍雖行禮如儀，但功力不及呂太太。

執著的冤親債主

我介紹一位朋友給呂太太，她兒子是醫護人員，平日頗敬業，只是脾氣古怪，他不是同性戀，也無意婚姻，這年頭生活壓力大，不想結婚的大有人在，不足爲奇。

朋友也認識一些通靈者，每次請他們到家裡看看，他們都說她兒子住的地方不乾淨，這些通靈者彼此並不認識，有人會見鬼、有人只是感應不舒服。她只好不著痕跡的在兒子房間放一些灑淨除障的東西，牆上掛心經，似乎無效。

她看了我的書後，帶兒子去慈惠堂，王堂主一見他便說他身後有四個，王堂主的解讀是他在醫院工作，應是死亡的病人，不知何去何從，所以才跟上他。

他本身並無任何不適，只是諸事不順遂，他要考執照，卻屢考屢不中，事實上，他自小便成績出衆，天資聰穎。

他每次都很用心準備，但每次都名落孫山。

他對母親老是找通靈者到家中來很不以爲然，認爲母親迷信，他認爲就算醫院亡魂跟著他也無所謂，他與他們無冤無仇，何況每次遇到往生的病人，他一定會在心中默唸大悲咒，祝禱他們早登極樂，脫離人世痛苦。

我帶兒子去呂太太處，也約朋友過來。朋友寫下她兒子的名字和地址後，呂太太立刻說他們家二樓不乾淨，一樓沒問題，原來二樓是她兒子住的，她跟她先生住一樓。而跟她兒子的不是醫院的亡魂而是他前世的冤親債主。呂太太並未去過她家，卻立刻知道她家有二層樓。

呂太太告訴我們，她爲人服務二十多年，從未看過醫護人員被卡過，有人說從事醫護工作的人都是元神旺的人，原因並非如此，因醫護人員從事救人工作，亡魂感恩都來不及，怎會恩將仇報去找他們麻煩。會卡陰的醫護人員，絕大多數是卡到冤親債主。

張開基說得對，鬼比人可愛多了。鬼不會無緣無故找人麻煩，反而常有人無緣無故尋釁，像飆車族。

呂太太說，人到不乾淨的地方會沾到穢氣，就像抵抗力差的人到醫院容易被感染。其實只要祭改一下就可以，半僧居士說最簡單的處理方式是以報紙捲成筒，點燃後，從頭頂上下前後掃個幾遍即可，俗稱「過火」。

這與中醫的溫灸，照射遠紅外線燈的效果是一樣的，把寒氣逼出來，人就不會生病了。

更好的辦法是做自發功，壞氣很快便會排掉。

坊間卻有不少神壇以此斂財，只要你上門，便恐嚇你卡陰，卡多少個，要花錢消災。

呂太太說她從未看過冤親債主找上門是要錢的，更沒見過祖先找後代子孫麻煩的，祖先庇護子孫都來不及，怎會跟自己的子孫過不去，除非是子弒父，父殺子，這種冤仇甚大，也不是一般神壇的主持人可以化解的。

凡是卡到冤親債主的，多是前世宿怨，往往跟情有關，無怪乎俗語說：「欠錢好辦，欠情難了。」「情債難還。」

人們常能看破名韁利鎖，卻看不破情字，連達賴六世都說：「肯把此心移學道，即生成佛有何難?」換言之，若拿我愛你之心來學道，這生便能立地成佛。

中國社會一向是賄賂成風，有錢能使鬼推磨的觀念深入人心，無怪乎神棍看中人們這種心理而大歛其財。

事實上，鬼不會無緣無故找上一個人，除非跟當事人前世有過節。我們每個人死了都會變成鬼，所以鬼沒什麼好怕的。

試問自己，一旦你變成鬼，你會向誰討債?為何原因討債?

俗語說：「欠債不還生爲父子，大仇未報結爲夫妻。」

果眞欠錢欠命，自可來世結爲父子、夫妻，讓對方心甘情願付出一輩子，還有比這種方法討債更有效的嗎?

當然，張開基認爲若把人世間父子、夫妻關係全歸於債權債務，做人還有什麼意思?但我們也不能否認世間良緣少，怨偶多，不是冤家不聚頭，即便在別人眼中是不錯的夫妻，其中也有不少不足爲外人道的辛苦委屈，難怪要說「清官難斷家務事」。

換言之，你若坑對方錢或欠人命一條，來生與對方結爲夫妻、父子即可，又何必變鬼來嚇人呢？

很多人卡到冤親債主，到處求神拜佛，花了不少冤枉錢，結果一點效果也沒有。符咒、法事、儀式、戴天珠、水晶、蜜蠟、玉等做的吉祥飾物一點效果也沒有。

眞正會成爲冤親債主的鬼都是死不瞑目的如自殺的、冤死的，像民間故事的林投姐，被負心漢騙財騙色後自殺而死，這種爲情所困的是最難解脫和超生的。

電視談話節目中找來不少亂嚼舌根的藝人和算命仙，說自殺的人若跳樓死，會在原地跳上一整年，眞是胡說八道，難道說死者是高空彈跳的愛好者，跳上癮了？

不論是靈界或人間，沒有人能處罰別人、制裁別人，犯了人間的法律，由司法機構來制裁，靈界是沒有法律，一個人身處天堂、地獄，皆由心造，佛家說：「萬法唯心造」。自殺者之所以難以超生，冤死者之難以解脫，皆因執著，一旦放下執著，立刻海闊天空。

爲何要唸經迴向給死者，因爲所有的經文都是教人要放下執著，如心經「心無罣礙，無罣礙故，無有恐怖，遠離顚倒夢想，究竟涅槃……。」

經文本身並無什麼神秘的力量，而是亡魂聽了經文後可以開悟，只要開悟，放下執著，立刻解脫。

鬼並不能爲厲來害人，他只能跟著當事人或附其身上，當事人長期受陰氣的影響，思想會紊亂，身體衰弱，精神會出狀況。

問題是這樣的報復對鬼而言又有何益?不過是冤冤相報，就算當事人發瘋而死，未必能消心頭之恨。

無怪乎慈惠堂師父要我寫信給繼父的老情人，勸對方放下執著，不肯放過對方，自己也無法解脫，這是何苦來哉。

就算要花錢消災，錢也該捐給公益團體，做善事，對方見你改邪歸正，能發善心，會放棄報復的念頭，而非將錢交給神棍，神棍拿去吃喝嫖賭，或建大廟，好斂更多的錢。這一來，不過是助紂爲虐，根本沒有任何功德迴向給冤魂。

呂太太是個直腸子，她會告訴當事人：「會好，一次就會好，下次不用再來，若不好，再來也沒用。」

她不會爲了賺錢嚇唬當事人，告訴當事人幾個月後會有血光之災或是會有意外，要當事人屆時再光臨，或是賣往生錢等，這都是斂財手法。不過容易卡陰的人，即便處理好了，還是會再卡到，一如容易感冒的人。

她說解決冤親債主最好的方法就是做善事。但要做對，換言之，捐錢捐給眞正的公益團體，如果你不確定哪個機構是有公信力的，就捐給各縣市政府的聯合勸募。

報上每次有歛財的登廣告要人助印佛經，印佛經、善書沒有功德。佛經網路上就有，可以下載。印那些東西，不過是浪費紙張，製造垃圾。

不過呂太太認爲助印經書，可以讓買不起的人容易取得。問題是印經書立意是好的，但有太多神棍以此歛財。每間寺廟都有一大堆善書堆在架上，全是灰塵，不見人光顧，助印的人若贊助印一些妖僧如××活佛的書，不僅沒功德，反而種惡因。

奧修在他的《老子道德經》中講梁武帝與達摩的故事。達摩告訴梁武帝說：「你說你積陰德（功德）的那個念頭就是一個罪惡，它是非常自我主義的，你一定會下地獄，國王，你會下到第七層地獄，第一層是不夠的。」

若有任何宗教或師父宣稱可以幫你消災解厄，絕對是騙人，即便他（她）未騙人，他（她）也是愚昧無知，妄以爲自己能幫人消災解厄。

道行高的通靈者，只不過能感應來者爲何，他（她）絕對沒能力幫你解決問題，至多是與對方溝通，問對方要什麼，當事人如何做才能化解來者的心頭大恨。

我另一個朋友的親人有三個冤親債主。呂太太告訴他十分棘手，只能勸他多做善事，看看這三個鬼能否因感到對方改過遷善而高抬貴手。

她查出朋友的兒子前世出身寒門，是苦讀高中科名的士子，有了功名後與富家千金結親，但看不慣對方嬌生慣養，對對方十分嚴厲，近乎精神虐待，對方後來自殺身亡，連陪嫁過來的丫鬟也自殺殉主。

這一對主僕自朋友兒子大學畢業，開始工作後跟上他，只因他在照顧病患時仁心仁術，再加上孝順父母，待人忠厚，所以無法欺身。

但這種狀況持續下去，她兒子精神會出問題。

呂太太說：「妳兒子一定不想結婚。」

朋友說：「對！我本懷疑他是同性戀。」

呂太太說：「對方不會讓他結婚的。」

朋友說：「有通靈者告訴我，他在他現在住的房間再住上兩年，一定會有精神病。」

呂太太說：「沒錯。他塊頭不小，但聲音像卡在喉嚨中，他一定常感中氣不足。」

朋友連忙點頭。呂太太說：「因爲對方是吊死的，所以他才會這樣。」

呂太太跟對方溝通後說：「菩薩建議先去農禪寺連續做三次超薦法會，每日唸心經迴向給對方，此外要做善事。」

「唸金剛經如何？」半僧居士建議唸金剛經。」

「金剛經對付邪魔較有用，對方並非邪魔，只是心有不甘而已，何苦激怒她們，唸心經讓對方開悟吧！」

呂太太對我苦笑道：「我不知道年輕人相不相信我說的，他也許會認爲我胡說八道。」

我笑道：「就算胡說八道也沒關係。他是高收入者，每個月拿出一些錢捐助希望工程，認養幾個貧童，也是美事一樁。」

朋友聽我這麼說立刻說：「我會勸我兒子認養一些貧童，捐錢給公益團體。他這生不結婚沒關係，能因此事而學到愛人，這才是人生最重要的功課。」

他前世不懂愛人而誤人終身，這世能學會關愛家人以外的人，才不枉走這一遭。

我和朋友向呂太太道謝而去。

過了兩個多月，朋友來電說她兒子考試通過了，他們母子親自出席農禪寺的超薦法會並捐款給修家暴法的婦女團體以及認養貧童。

他們母子也親至呂太太神壇答謝。

我想起我曾看過一部由傑克尼克遜演的電影，片名是《心的方向》。片中，他是在一家保險公司服務了四十多年的退休人士。

他退休後不久，太太心臟病發作去世，太太去世後，他整理遺物才發現太太有過外遇，外遇對象是他的好友。他苦心栽培的女兒，卻因年華老大找不到對象而嫁了個修車工人，他雖極力反對，女兒卻相應不理。

他賣了一輩子命的保險公司，對他的建言毫不採納，把他當成過時的人物。

他回顧自己的一生，一無所有，臨老面對的是衆叛親離。

他唯一的安慰是他認養一個名叫恩度古的貧童，他常寫信給對方，訴說他的悲哀。電影結尾是他收到恩度古的回信，那是一位修女代筆的，因恩度古太小，無法給恩人寫信，卻畫了一張畫，畫中一個大人牽著一個小孩的手。

他看信後痛哭失聲。他一生爲工作賣命，與妻女聚少離多，妻子外遇何嘗不是在婚姻中得不到他感情的回饋，他只知道出錢給女兒讀名校，在女兒成長期間，他一直是個缺席的父親，無怪乎女兒在他成了鰥夫後，也不願陪伴他。

他一生只做對一件事，認養了恩度古，箋箋之數，改變對方一生。

很多人問我生生世世來人間，所爲何來？

在我看來，就是學習「愛」吧！

這個功課學不會，我們永遠到不了彼岸，因爲愛就是神。

很多人花大錢買天珠，供養各種上師，助印善書，參加各種法會，購置昂貴的神像，卻吝於付出一丁點的愛心，不是很荒謬的嗎？

戴天珠、佛珠、供養上師、捐錢建廟、放生、印善書、參加法會，目的爲何？不就是爲得到救贖嗎？

而到天堂最簡單的方法就是發點善心，不帶任何功利色彩的，不過是發揮「人溺己溺」的精神，但就我的經驗，果眞是「富人要進天國，比駱駝穿過針眼還難。」

愛人困難嗎？大多數人花一輩子時間追求功名利祿，卻不肯給家人半點關愛的眼神。有些爸爸忙於事業，連孩子讀幾年級都不知道，又何必生兒育女呢？卻口口聲聲告訴妻子兒女說：「我這麼忙都是爲了你們。」其實只是滿足自己的虛榮心。

有關冤親債主的事，我請教半僧居士：「為何朋友兒子前世的元配不以投胎轉世的方式來討債？譬如說生為他的子女或配偶？」

半僧半開玩笑說：「妳兒子就是妳的冤親債主，大多數的恩怨是以人際關係來了結的。由於妳朋友的兒子不結婚，對方無法以做他子女的方式來討債。」

是嗎？朋友的兒子不想結婚，是否與前世配偶自殺有關？他前世並非壞人，只是不喜歡元配，導致對方不堪精神虐待而自殺，這種事對他而言應造成很大的罪惡感，而每個人這世都會帶著前世的記憶而來，所以他對婚姻直覺便排斥。

說實話，沒人知道為何有人以投抬轉世的方式來討債，有人卻以鬼魂跟著當事人或附在當事人身上來討債？呂太太要我在書中強調她的指導靈不隨便為人調因果，除非在特殊情況下，她服務這麼多年，菩薩調因果的次數屈指可數。

有一次是一個有精神病的小女孩，她父母帶她到處求醫求神都無效，呂太太請示菩薩後，發現她前世是土匪強盜，將整個村子放火燒光，這世跟著她的冤親債主太多了，她只能勸她父母多為她行善，以迴向給那些被她冤殺的人。

家中若有精神病患或吸毒、酗酒、賭博成癖者，我認為一方面從事正統治療，去看精神科、心理科。另一方面可以找高明的通靈者，看看是否有冤親債主。此外練自發功，若有卡陰，立刻會出現異狀。

在精神病中有所謂多重人格患者，但依通靈者的說法是卡到多個冤親債主。若卡的不嚴重，與這幾個冤親債主溝通，患者會恢復正常。

呂太太是我看過處理卡陰、卡冤親債主最高明的人，她自己處理完後沒半點不適。其他通靈者即便有能力處理，處理多了，自己壞氣排不掉反而會出狀況。

我知道有通靈者自不量力的結果，最後自己卡陰，還累及家人，只好轉而求助呂太太。但這位通靈者很少轉介客戶給呂太太，反而轉介給其他道行不高的宮廟。因他不願他的客戶發現呂太太比他高明。

其實通靈者各有所長，一如醫生，分內、外、婦產等科。那些宣稱自己無所不能的通靈者，絕對是大騙子。

通靈者若肯虛心面對自己的能力，對自己無法處理的個案，轉介給其他高明者，於人於己都有益處，只可惜我很少碰見心胸開闊的通靈者。他們唯恐被別人比下去，更怕客戶「不怕不識貨，只怕貨比貨。」發現他們道行不過如此。

奧巴桑摺倒高僧大德

一位朋友的太太忽然生病，進出各大醫院，請來院長、主任級的醫師來看，都查不出病因。一度進加護病房，數度接到病危通知，歷時兩個月，朋友心力交瘁。

後來他太太感覺到有人掐她脖子，有人抓她的背，還聽到病房窗外有一個女人的笑聲。

他心知有異，便向他認識的高僧大德求助，甚至打電話到海外求助，結果他們教給他的方法完全無效。

我知道此事後，問他是否願找半僧居士或呂太太，他用半僧教的法子無效。呂太太很快查清是怎麼回事，給了他兩張符，一掛身上，一貼在床底下，最後救回他太太，其中過程十分曲折離奇，讓人嘆爲觀止。

他在太太康復之際，發現急診處有個年輕女孩狀況很像他太太，便熱心代女孩家長求助於呂太太。呂太太請示菩薩後說那女孩不是中邪或碰上凶神惡煞，而是醫生經驗不足，沒有一上來便診斷出她是病毒入侵心臟因而延誤治療時間所致，所以給符咒沒用。

那女孩是周杰倫的舞者，感冒了還硬撐上台表演，致使病毒入侵心臟。報上登了她的事，她的病是猛暴性心肌炎，因周杰倫出面協助，最後換心、腎才救回一命。

呂太太在救人和斷病上讓人大開眼界，我跟朋友開玩笑說：「這可是一個奧巴桑摺倒一群高僧大德。」

宗教人士常常看不起通靈者，認為他們層次低，問題是「偏方能氣死名醫」。我倒覺得他們太妄自尊大，忘了「救人一命勝造七級浮屠。」為何不能以謙卑的態度來看待像呂太太這樣有道行的人。

也因這兩件事，呂太太令我刮目相看。

第十五章　絲路之旅

八月下旬，我與陳家夫婦、半僧居士夫婦以及親朋好友到絲路旅遊。出發前旅居新加坡的同學打電話來勸我不要去，因爲她的前輩說我會生病。

我告訴她不可能取消，因我是團長，何況去完絲路，回程到西安，要去給父親上墳，我還約了弟弟、妹妹一齊在西安會合，也了結我們父女這世的緣份。

結果旅行第三天，我便重感冒，因爲日夜溫差大，再加上氣候乾燥。

自下鄉後，我很少感冒，不像退休前，經常感冒一個月都不好。

一路上雖因感冒不適而遊興大減，但因同去的朋友都很可愛，大家玩得很愉快，每個人都來照顧我。

到西安後與親人見面，自一九九九年回去奔喪後，已有六年時間沒回過西安。由於半僧去過西安，他表示可以陪我回祖籍華縣掃墓。

我與弟、妹約好，掃完墓，順便上華山一遊，久聞華山奇險，金庸筆下群俠「華山論劍」，更使人好奇華山有多險峻。

父親的骨灰原寄放在靈骨塔，姊姊為了風水，將他遷葬到遠房堂弟的農地上。我十分反對土葬，我覺得人生無益於人，死又何害於人呢？每個人死後要佔塊地，在人滿為患的今天，不是害活的人無立足之地嗎？

我認為連靈骨塔都多餘，何不大體捐贈，或燒成灰樹葬、海葬。甚至樹葬、海葬都費事，不如讓垃圾車給載走。

姊姊自不會同意我的觀點，她一心想找風水寶地，好旺她的兒孫。

半僧私下告訴我，父親的靈在墳地，但很不開心，他左邊的頭一直痛，我問他是什麼意思，他說男左女右，他左邊頭痛表示此墓風水不利男性後代。

我很爲難，我若告訴姊姊，她一定會以爲我騙她，因她總覺得祖墳是庇蔭我的，所以我才如此出名。也許她遷的地方不利於我，所以我會說不利男性後代。

我跟牛僧討論過風水，做風水有效嗎？我認爲「福地福人居」，打個比方，若沒福份，再做也沒用，就像如花（醜女）可以整型，但怎麼整也不可能整成林志玲。

積善人家慶有餘是至理名言。

你若有福份，自然會住到風水寶地，若沒福份，即使買到最好的風水地，地形地貌也會因地震、颱風、大雨、土石流而改變，這在台灣是常事，即使表面看不出來，搞不好地氣變了，做風水依舊無效。

甚至高速公路、高鐵或縣、市道路開闢或拓寬或鄰近地區興工動土，都會改變環境。

就算人傑地靈，出了一個總統，問題是當了六年，政績不著，搞得民生凋弊，天怒人怨，是福是禍，還在未料之數，何喜之有？

辜家從迎接日本人登陸至今，旺了百年，辜振甫常說，下台要下得漂亮，不意才下台，便爆發外遇鬧上門的醜聞。

我跟李敖有志一同，我們不怕被掀出桃色祕聞，只在乎跟我們有一腿的對象是否有品味，誠如李大師的名言：「我不怕人質疑我的道德，只怕人質疑我的品味。」

人會找什麼樣的外遇，可以看出這個人眞正的品味，不少大老板、政治人物爆出緋聞後，緋聞的對象實令人不敢恭維。

以宰家的財力，不會做風水嗎？但依舊發生這種失顏面的事。

如果這些富豪肯將做風水的錢捐出做善事，他們的福澤自會嘉惠子孫，綿延久長。

放下父親

姊姊費了不少功夫將父親遷葬，父親並不領情。但我卻無能爲力，我只能說冥冥中自有定數。

父親打從一開始便不喜歡他的元配（姊姊的母親），爲了逃避婚姻而去唸黃埔軍校，自此後，戎馬倥傯，甚少回家，功成名就後，在外另娶母親。

元配與姊姊自然受到很大的傷害，姊姊自出生便沒看過父親，一直以爲她父親早死。

誰知父親自投羅網，爲了做他的英雄大夢，不顧朋友及母親勸阻，像著魔似的硬要回大陸，不到四個月兵敗投降，被遣返家鄉。

他心不甘情不願的回到家鄉，與元配和姊姊、祖母共同生活，五年後，元配與祖母相繼去世，他與姊姊相依爲命。死後與元配墳頭土合葬，(因我姊姊請的風水師建議不必遷元配的遺骸，只要墳頭土即可。）我也搞不清楚這是哪門子風水。但他終究得跟元配在一起。這不是很諷刺的結局嗎？他生前不稱意，死後不稱心，皆因自己一意孤行，又能怨誰呢？

我寫了祭父文，勸父親放下執著，他死前的那年暑假，我帶婦女團體到北京與中國全國婦聯聯誼，父親知道後，告訴別人說我與江澤民會面，姊姊要他別亂說話。

他自己當不成英雄，還寄望他女兒成英雄，問題是我們兩人價值觀差太遠了，他在乎的功名利祿對我而言是糞土。

政治人物上台下台如走馬燈，毛澤東固一世之雄也，而今安在？江澤民又算什麼？何況他們死後，落到哪一道輪迴還不知，值得我們巴結嗎？

我感到悲哀的是，父親經歷各種政治鬥爭、文革的血雨腥風，卻仍未覺悟人生的意義爲何。

我們父女這一世有份無緣，是命運安排，抑是他自己的選擇？又能如何？他若留在台灣，勢必辜負大媽與姊姊。只能說他與她們緣深，與母親和我們姊弟緣淺。

我們姊弟今來上墳，希望他能眞正的安息，他若不肯放下，我也無能爲力，至少我要放下他，不再怨恨他，他的缺席，造就我這一世將自己的潛能發揮得淋漓盡致，又有何怨？

給父親上墳的意外收穫是華山之行，整座山是一大塊一大塊的花崗岩，所幸古代機具不發達，中國古代帝王還未想過用華山的花崗岩來建宮殿陵寢，一如法老用來建金字塔，否則華山早被夷平，今日也見不著如此獨特的山峰，豈是「險峻」二字能形容的。

在去絲路之前，我還特地將唐詩中的邊塞詩挑出來，印給每位隊友一份，結果沿途只見高樓大廈，筆直的高速公路，路邊是一截截白色光纖電纜的地標。塞外大漠的蒼涼味道全無，有的只是開發大西北大興土木的熱潮。那些邊塞詩成了無用之物，一如古代詠月的詩，在阿姆斯壯登陸月球後，再也提不起人們吟詠的興緻了。

一路上參觀不少古剎，大多數都在整修重建中，中國當局花大把銀子，著眼點自是在觀光。我問半僧大殿偏殿中是否有靈，半僧搖頭說只有灰塵與人的汗臭味，特別是莫高窟，人滿爲患。

說得也是，這些廟自中共統一中國後，早無煙火供奉，在無神論的大旗下，亦無信徒朝拜，如何會有靈？在偉大的毛主席的統治下，正靈、邪靈都被一掃而空。

由此可見，人絕對比鬼還厲害。

唯通靈者是問

回台灣後，我足足躺了三天才恢復體力，感冒也才痊癒，新加坡的同學來電，我據實以告我一去就感冒生病。

她認爲她的前輩預測準確，我有些不悅說：「早晚溫差大，氣候乾燥，長途跋涉，自然會生病，生病的不只是我一人，半僧回國，當天晚上便病倒。」

她接著說：「仙佛慈悲，半僧慈悲，他代妳受過，否則妳會更嚴重。我們前輩幫妳加持的。」

我一聽這話便有氣，全團不只半僧生病，還有其他隊友生病，難道都是代我受過？

人吃五穀雜糧，怎會不生病？

任何人都是自作自受，誰能代人受過？誰又能加持誰？

若那些上師、大師加持便可消災除病，我們又何需醫院、醫生？

她又說她姊姊中風皆因不肯吃素，我更不苟同，不少高僧大德是病死的，佛陀亦是拉肚子而死，吃素照樣會得癌症、高血壓。三酸甘油脂過高是因水果吃太多的關係。吃素未必更健康。

一位記者朋友來電說她妹妹精神出問題，刷卡刷到爆，三不五時找家人的麻煩，她母親多年前自殺身亡。她經朋友介紹到台中一家神壇，主持人說她妹妹卡到冤親債主，化解辦法是捐錢印善書。她問我意見，我告訴她這是神棍歛財的手法，印那些善書做什麼？不過是製造垃圾而已。

她若眞想解決此一問題，不如捐錢給眞正從事公益的機構，即使妹妹依然發瘋，至少有人受惠，亦是功德無量。

從心理機制而言，亦可減少她無力幫妹妹解決問題的無助與罪惡感。

前述兒子有冤親債主的朋友，在兒子諸事不順遂，身體出狀況時，也曾聽一些通靈者或宗教人士的建議，爲兒子買了玉飾項鍊，水晶球等避邪之物，也花了不少錢買除障香，更花大錢請師父來安神位。

呂太太一語驚醒夢中人。對方既是前世債主，她們有權來討債，這些東西根本擋不住她們，與其花錢買這些無用之物，何不將錢捐給慈善機構，嘉惠貧童，就算請不走冤親債主，至少有人眞正受惠。

宗教法器、儀式、符咒、上師都救不了人。要價愈高的愈是騙人。

設身處地想一想，妳若今天被人不明不白姦殺，就算對方賠給妳家屬×百萬，妳會甘心嗎？

眞正的善心和眞誠的懺悔才是救贖的不二法門。

我本對她前輩的道行頗肯定，她這些話反使我對她的前輩持保留態度，他們固然通靈，但也未免太自以爲是，誰又能替誰受過？對我同學事事請教通靈者的態度更不敢恭維。

呂太太也說了一件發人深省的事，她處理過不少冤親債主，有些鬼跟當事人許多年，跟到後來也搞不清爲何要跟對方，也許當初只有一個爲自己討公道的念頭，但到後來，跟對方不過是習慣成自然，對方根本不記得前世的事，也不知道有冤親債主如影隨形。

這種跟法沒有任何意義，就算讓對方精神不寧身體衰弱又有何益呢？

要報仇的對象是否會投胎轉世？即使轉世，能否碰見高明的通靈者點醒當事人，在在都是渺茫的，就算報仇了，對方也死了，自己眞能因報仇雪恨而稱心快意得到解脫嗎？這些都是值得人深思的事。

朋友兒子的冤親債主給我的啓示是人是多麼執著和無明。

人爲理想奮鬥是件了不起的事，問題是一旦事過境遷，環境改變了，自己的理想已不合時宜了，是否還要堅持下去？成了唐吉訶德？如環保團體堅持廢核四，如今石油節節上漲，他們卻提不出解決能源缺少的辦法，只是一味認爲自己的主張是神聖高尙的。

有時隨波逐流的人要好過堅持自己理想的人，因爲那些堅持理想的，一旦掌權後，鮮少不變成混世魔頭的，因爲他們的理想不過是一種偏執而已，卻要所有的人去認同，凡不認同的就成了非我族類，其心必異。連執著理想都是一件可怕的事，更何況是爲情所困，就更不值得執著了。

可悲的是，在人間到處有偏執狂，大大小小，生生世世不得解脫。

第十六章　另類地理師

《看神聽鬼》問世後，有不少有通靈能力卻不能自我肯定的人，他們有的寫信給我，有的去找書上列的通靈者去印證。

其中有一個陳銘村，自小便對佛、道二教有興趣。他小時候睡覺一定要用被子蒙頭，不是怕鬼而是會看到天上有飛來飛去的東西，令他不堪其擾。

十八、九歲起便對中國五術有興趣，因他的工作、家庭大體算順利，所以有餘力到處訪聖求仙，希望能遇到高人，指點他內心的困惑，他雖碰見一些有道行的人，但並未遇到眞正的高手。

他發現自己的道行似乎還在這些人之上，但他不敢確定，私下也為一些工商企業的老板看風水地理，結果都令人滿意。他也替人論命，講得讓當事人口服心服。

他看了我的書後，便找上半僧居士，自此成了互相切磋印證的朋友。

半僧跟我提到這個人，我並無太大的興趣，因為不少找上門的，道行不怎麼樣，有些人一看便是精神病患，通靈者與精神病患是一線之差，就如天才與白癡一樣。還有些功力不高卻希望能中我的法眼。

半僧提了好幾次，後因文芬要做神鬼靈異系列，於是我們便約在台北市府城隍廟見面，他介紹府城隍的李游坤道長給我們認識，李道長原是藥學碩士，做過西藥生意，他父親是道士，家中有壇，替不少人消災解厄。他認為父親搞的是迷信，不屑一顧，更因他生意做得火紅，從未想過有一天會繼承父親的衣缽。

他也碰過一些高明的算命仙，告訴他日後會入道，他聽聽而已。時機到了，因緣際會便繼承父親衣缽，他不通靈，但他嫻熟道藏及各種儀式，許多道觀、宮有大型法會及建醮活動都請他主持。

他以擲杯筊的方式來判斷神明的旨意。

在府城隍見面，由於話題放在府城隍與李道長身上，所以我對他並無特殊印象。我爲試他的功力，再度約他見面，以我兩個兒子及文芬、維菁爲白老鼠，他用紫微斗數爲人論命，講得頭頭是道，但我認定他算得準確是因通靈的原因，而非這套工具本身。

他也能感受到別人身體的病痛，他當場問坐在他正對面的文芬及維菁，她們倆誰有胃病，因他的胃不舒服，文芬承認她有胃病。

他眞的令我刮目相看是在他偕李道長到山上來看我時，因李道長打算找一清幽修行之地，聽別人說我們這兒風水地理一流。

他們來後，我和陳家夫婦帶他們各處逛。他一到我家，便告訴我，我們家風水一等一，是正格的坐北朝南格局，文昌位、旺丁位、旺財位無一不正中其位。就算地理師用心找，也未必找得到這絕佳的風水。

我告訴他，我家正門前還有一個小山谷，半僧看過後說這是他見過最好的福地，只是格局小了點，我開玩笑說，如做台灣的領導，何需太大的格局，又非要入主中南海。

兒子聽了後說等我死後燒成灰，灑在那裡，我的後代就會出一個台灣領導。

我跟半僧和陳銘村說，我和兒子已立遺囑，等我們過世後，此片產業捐給公益團體或由遺囑執行人拍賣，拍賣所得捐給公益團體。

果眞此宅風水一級棒，還有一流陰宅福地，那可是打著燈籠也找不到的好地方。

我跟他們兩人開玩笑，乾脆上網拍賣，拍賣所得母子兩人對半分，我的那一份捐公益。

陳跟我說時機還不到，他知道我本身對風水有研究，以爲我是看了風水才選此地，我告訴他我們當初買此地，只因此地有野溪做天然屏障，加上地上全是炭渣，地價便宜才買的。

我認爲中國的風水有科學的部分，但有更多迷信的地方。與其花大錢找龍穴、福地，不如將這些錢捐做公益，因爲福地福人居，「有福之人不落無福之地。」

就算此地風水地理一流，但鄉民識短器小，選出的鄉長貪杯好色，對本鄉無長遠規劃，白白糟蹋好山好水。我們這些境內移民自移居此地後，除了扼腕外，又能如何？只好不問世事，自力救濟，將我們住的這座山打造成生態社區，兼具環保及休養生息的功能。

太多台灣的地理師看風水，只會依樣畫葫蘆照風水書上那一套左青龍右白虎來看，其實自然環境是不斷變遷的，更有許多肉眼看不到的如氣場。

若地理師不通靈不敏感，他們無法勘到眞正的風水寶地，地氣旺不旺，不是風水羅盤能測出的。

更何況再好的風水寶地，沒有好人來經營又有何用？台灣號稱福爾摩沙，如今給這些群魔亂舞的政客們搞得一團亂糟，讓沒有環保意識的居民濫墾濫伐，讓人看不到前景在哪？

我跟陳家夫婦說，任何一個窮山惡水的地方，只要有我們三人，定能將它打造成洞天福地。因爲「人傑地靈」，先「人傑」才會「地靈」。

所以我認爲若要講地理風水，人和排第一，其次才是天時、地利，沒有人和，再好的天時、地利亦無用。

好山好水沒好人，也會變成窮山惡水，南投縣是最好的例子。

我不會以後代出元首、領導或大企業家爲榮，我只希望我的兒子們在爲自己的人生奮鬥之餘，能關懷別人於願已足。

陳銘村看地理，先用他的通靈直覺，再以風水羅盤及測量工具爲輔，看看他的直覺準不準。

呂太太告訴我一件發人深省的事，她每次爲人消災解厄都是用雙手比劃，大多數求助的人看慣寺廟道觀的法師拿著各種法器、刀劍比劃，便會質疑她用雙手這麼劃幾下會有用嗎？

呂太太反問我，無形的東西以有形的東西對付會有用嗎？無形的東西會怕這些有形的嗎？我跟她說武俠小說中說得好：「無招勝有招。」

因此無形的地氣，豈是有形的羅盤或儀器能測得的。

我告訴陳銘村，他跟小慶一樣，因不敢肯定自己的靈力，所以藉助工具，有一天，他有足夠的信心，這些工具會成爲道具。

他看了各處的風水後，對各家的現況和問題都說得八九不離十，他告訴仲介小姐，她在民國×年到×年是人生落到谷底時，她從×年才一路爬昇，有十年大運，勸她要好好把握。他並不知仲介小姐的八字，可見他不需用八字、紫微來論命。

仲介小姐說她看多了神棍，從不相信這些江湖術士，也從不去算命，但陳銘村令她刮目相看。

我與他交換有關風水地理的意見，發現他雖有豐厚的堪輿知識，但他的結論與我不謀而合。他說朋友若請他看陽宅，他看到不好的，會勸當事人搬家，不會叫他們大興土木來改風水，因爲那是無用的，掛八卦鏡、擺水晶球、擺流水設備，只在大格局好的房子有些小助益，若房子格局不好，放這些根本無用。因爲風水只是助緣，主角還是當事人。

他的看法跟我一樣，若水晶、天珠有效，賣這些東西的人自己拿來聚財就會大發了，何必賣給別人。他們眞正發財是賣這些有胡蘿蔔效應的東西給客戶，給客戶無限的希望與想像（一如農夫在驢子前掛一個胡蘿蔔，讓牠看得到吃不到，牠就會乖乖向前走。）

我承認我自入住目前的山居後，無論是身體健康、寫作及收入都日漸提升，做起事來得心應手，更有許多奇遇，使我人生的視野打開、心胸大開。

每日面對青山綠水，所有塵慮一一滌除，只覺得自己何德何能，能擁有這大好風景。加上有幸認識林孝宗，學會自發功，每日練功一個多小時，不看電視、報紙，不爲俗事所擾，能放下名利心，才能日漸心平氣和、思慮澄明。

果眞我們這兒風水好，四周鄰居都應健康快樂才是，其實不然，貪杯好色的依舊貪杯好色。精神有問題的照樣發瘋，到處煽風點火，惹得四鄰不安。還有爲了搞外遇、包二奶來鄉下置產的，以爲人不知鬼不覺。更有貪婪的仲介，只想高價賣地，無視水土保持，一味濫墾濫伐。

還有不少癌症患者到此養病，但因放不下七情六慾，不改生活習慣，最後還是魂歸離恨天。

風水再好也沒用，當事人不惜福，貪嗔癡心太重，耐不住寂寞，也是枉然。

物以類聚，神明亦然

陳銘村第三次與我見面時，終於忍不住告訴我，他認爲我的鄰居陳家雖安的是觀音，但進駐陳家的神並非觀音，而另有他神，但他要我不要跟陳家說。

其實呂太太早告訴過我，她認爲陳家的神神格不高，只是一般的王爺公，換言之是陰神，她也要我不要說，以免慈惠堂師父多心。

我聽了不以爲意，我告訴呂太太，我認爲來進駐的神明爲何，與安神位的師父無關，與家宅主人有關。

若主人利慾薰心，成天只想算計別人，觀音會與這種人爲伍嗎？若主人樂善好施，就是沒安神位，佛菩薩自會保佑他，因此來者爲何？與安神位的師父道行無關，因爲凡人哪裡請得動神佛菩薩。

呂太太自認她若爲人安神位，一定會很小心，決不會點錯神的，我不以爲然，她再用心也沒用，若當事人不安好心，神佛決不會自貶身價，與惡人爲伍的。

陳以擲杯筊方式請問來者爲何？結果一是文殊菩薩，一是金母使者，一是王爺公。

我問陳太太，當年陳先生生病時，她不是去一間廟祭改嗎？陳太太說她是去祭改過，卻沒許願，所以也沒去還願。我說妳沒許願是一回事，難道沒求神保佑妳先生病好嗎？她說有，我說妳先生病好了，妳有去答謝嗎？她說沒有。

我勸她去當年求助的廟，查明廟裡供奉的神明爲何，獻上香花素果，聊表心意。回來後，再擲杯筊，問明是否是這位神明。果然她家的王爺公是她當年祭改祈求的輔信王爺。

陳家夫婦一向樂於助人，熱心公益，全社區的事都是他們夫婦在張羅，鄰居若有事，他們一定最先伸出援手。

物以類聚，一定有不少神明願與他們為伍，何況衆神平等，座上是否是觀音重要嗎？即便她未答謝那位救命恩神，那位神明卻依舊護持他們，更可見他們是積善人家。人們一心只想求神佛庇佑，卻不捫心自問，自己平日是否曾對別人伸過援手。別忘了天助自助。

齊天大聖駕到

除陳銘村以外，還有一個住南部的自稱通齊天大聖的林正空也找上半僧。

我也約他見面，他不用來人通報姓名，只需對方在心中把問題想好，他再問當事人要問什麼，他的回答幾乎都很準確。而且用字精準，可說神乎其技。

但他性子十分急躁，急於表現，無法心平氣和，容易攻擊人，反而弄巧成拙。

一天，我約呂太太、林正空、文芬、我的義女小琦、一位學生及陳家夫婦見面，後五者自然是來當白老鼠的。

陳告訴我林口玉×宮的道長很有道行，不少他業界的友人去過，十分推崇。因此我們在他的安排下，一行人便前往玉×宮去見識一番。

這座廟原是拜瑤池金母的慈惠堂，但因經營不善，便賤價賣給這位道長。因此金母被請下來，換上三清老祖。

這位道長不知我們來意，先不敢造次。急性子的林正空先跟道長談他走靈山的經驗，兩人談得很投機，林不斷誇讚道長的道行，在很多觀點上，兩人是英雄所見略同。

道長經他一誇，便開始顯本事了，他說呂太太還未進門，他便看到她身後有一拖拉庫的鬼跟著，呂太太卡陰卡得十分嚴重。林正空立刻拍案叫絕，認為道長所言正是。

呂太太聽了雖然不高興，但按捺性子沒發作。

這時小琦便問：「呂太太替人消災解厄，她是好心助人，怎會好心沒好報？」

道長說：「她替人辦事是好意，但干涉人因果，因此她雖救了別人，那些冤親債主或陰的便找上她，換言之，她成了代人受過。她要辦事，還要向地藏菩薩和地母娘娘領旨才行。」

我心裡好笑，又來了，就跟前面的×醫師一樣的論調，不能隨便助人，以免干涉因果。

果眞這樣，這位道長買下這座廟做什麼？事後我們才知道，他替人祭改、祭冤親債主收好幾萬元。呂太太是隨喜，收費頂多兩、三千元，而且十分有效。收兩、三千元是干涉因果，收三、四萬元便不是干涉因果？

他當然會說他是領旨的，換言之，他領有靈界的牌照，收費高理所應當。

靈界不像人間，人間的執照可以驗證，即便這樣，假證照仍是滿天飛，特別是中國大陸。

但靈界呢？靈界核發執照的主管機關爲何？如何能證明眞假？不過是任由這些神棍唬弄人。

我贊成呂太太說的，凡收費高的一定是假的。

靈界的靈爲何要幫助凡人？祂們這麼做難道不是干涉因果？爲何幫張三不幫李四？如果祂們助人是爲提升自己的靈格或佛教說的「蓮品」（亡靈修行後升級稱「蓮品」），怎可斂財？拿人錢財才與人消災，而且是重金，有何功德可言？

就像我不少學生是醫生，他們每日盡責看護病人，我告訴他們，做醫生的天職便是仁心仁術，因爲你們是高收入者，做好醫生的本份是你們的職責，別以爲自己在積德。如果自願到落後地區去義診，那才算是積德。同樣的，做好老師也是本份，何況教學相長，得天下之英才而育之是人生三大樂事，怎可自認是積德，不過是本份而已。

連份內工作也做不好，那是敗德喪行。

所以「領旨」一說，不過是唬弄我們這些不通靈的，我從不管通靈者是否領旨，我只管他們是否眞有本事爲當事人解惑或消災解厄。

愈是強調「領旨」的，愈是有假。眞正的好醫師是靠口碑，不是靠他（她）的執照。

呂太太愈聽愈不耐煩，便跑到外面去。

這時小琦向道長請教，她因失戀長期失眠，健康狀況甚差。

道長說她身後跟了一隻鳳凰（也就是雞）。

小琦不解道：「爲何會有雞跟在身後？」

「牠是妳的冤親債主，妳的身體並不是由妳主宰，而是由牠控制，這叫靈逼體，妳最好要修行。」

小琦一臉茫然說：「怎麼修行？」

道長說：「妳跟媽祖有緣，妳可以常去媽祖廟拜拜。」

陳銘村趕忙在旁打圓場說：「就是效法媽祖的精神，普渡衆生啦！」

我很清楚這個道長絕非此意。這些宮廟的主持人若非神棍，便是自己都腦袋不清楚，動輒告訴來者說：「妳卡陰，妳有冤親債主，最好來這兒修行……。」

這不過是招攬信徒的手法，如此可以招來一堆免費的義工和更多的捐獻。

道長表示可以爲她清除那個逼體的靈。旁邊的林正空一直催促小琦答應，道長的一些信衆也在一旁表示道長法力高強，難得主動表示要爲當事人清除卡陰。

道長還故弄玄虛說：「替妳清掉後，妳會心性清明，會知道別人心思，知道對方是好人壞人，妳就不會被騙，但就怕妳知別人心思後，會利用這種能力控制別人，這樣妳會加重業障……。」

我不置可否的坐一旁。這時，陳家夫婦反而勸小琦接受道長作法。

小琦在半疑半信下接受道長作法。

於是我們幾個到大殿去，一位信衆先放上誦經的音樂，道長要小琦閉上眼，全身放鬆，我和陳家夫婦站一旁看著，唯恐出什麼差錯。

道長用手掌在她身後佈氣，不一會小琦便開始後退，東搖西晃。

我向陳家夫婦使眼色，他們兩人也微微點頭，我們心裡都有數，這算哪門子作法，不過是自發功。小琦聽從我的建議，曾去台中自然科博館前練過一次，但因會嘔吐，而且轉得太厲害，不敢再去。

我告訴她，剛開始幾次會轉得厲害，所以練功前先不要吃東西，練完後一小時才吃，曾有人練功半年，每次練每次吐，半年後不吐了，整個人身體好起來。

練功時嘔吐或拉肚子是好現象，那是身體在大掃除。沒經驗的人會嚇到，這只是一個過程，只等不乾淨的排除後，自然會止吐，排便也會正常。

也因她已會發功，她只要放鬆身體，自然會搖晃，搖了約十五分鐘後，一下子便倒在地上。我們趕快將她扶起。

道長說他今天只是幫她處理陰的，他還有本事讓她通靈。

我要添香油錢，陳銘村說不用了，我們一行便向道長道謝而去。

呂太太對這整件事頗不以爲然，林正空也向陳銘村抱怨，他們不約而同說施老師太天眞，容易輕信人言，換言之，林抱怨我受呂太太的蠱惑，呂抱怨我容易相信人，所以著了林的道。

我不表示意見，反而是陳家夫婦，他們看小琦身子單薄，情緒低落，立刻伸出援手，帶她回他們家安頓，第二天還送她回台中，並爲她介紹兩位台中的朋友，好就近照顧。其他人只會吵誰通的靈是正神，誰通的是鬼。因爲正神是陽的，鬼是陰的，因此互指對方卡陰。

我以此問題問張開基，張說：「陽到極至不是變陰嗎？陰到極至是陽，陰陽互相消長，何來高下之分，中國的太極八卦圖畫的白中有黑點，黑中有白點，即表示陽中有陰，陰中有陽。」

一語驚醒夢中人，道家分神佛是全陽，魔鬼是全陰，人是半陰半陽。其實全陽之後便是陰，全陰之後便是陽，神魔一線間，甚至連一線的分野也無，又有何好爭執的。

與神魔何關

道長以為他有能力使小琦起舞，其實每個人身上都有一個氣路板，一如電腦有電路板，只要鬆、靜、自然，身體自會前後左右搖晃，甚至做出許多禮佛或結手印、瑜珈的姿勢，林孝宗研究出那不過是人天生的本能，與神佛何關，乩童起乩，也不過是自發功。

宗教界不明其道理，還當是什麼了不起的神功。

其實包括通靈、超感、入定也是人與生俱來的能力，只要氣路打通，心神沉澱，自然會有這些能力，豈是道士、法師們有什麼通天本領。

台灣的神壇宮廟把自發功當成是神佛附體來斂財。

呂太太告訴我一個故事，她因每天要燒香拜神，所以經常去一家金紙店買香，那家店的老板是老實人，賣的香沒有添加有害人體的化學物質，呂太太跟他買了好多年的香，他知道呂太太的為人後，有幾次因家宅不寧而求助呂太太，事後才告訴呂太太，他自己做金紙香燭生意，來向他批貨的神壇甚多，他卻從不敢上那些宮壇去，因為全是神棍。

賣香燭金紙的老板不敢上向他批貨的神壇，這不是很諷刺嗎？就像種菜的不敢吃自己種的菜，因爲他知道噴了許多農藥。

因爲以通靈爲人治病、消災解厄的多是神棍，眞有此能力的不多。呂太太自尊心甚高，她不願幹這行的眞正心結便是大多數人知道她是通靈人，總以懷疑的眼光看她，甚至語多諷刺，令她恥於告訴別人她是通靈人。

即便是眞有通靈能力的人，一旦名利雙收後，甚少不起貪念的，一旦邪靈入侵甚至失去靈力，照樣招搖撞騙。

就因濫芋充數的敗類太多，再加上所謂「正大門派」的宗教歧視他們，使得眞有本事的她做不下去。

其實，西方的正派靈媒們一樣有這種困境。電影《第六感生死戀》中琥碧戈珀演的靈媒便是一個搞笑人物。

眞有本事的靈媒往往受神棍拖累，很難受人尊敬，這也反映出人們的矛盾心態，一方面在有問題時找上他們，一方面又鄙視他們。無怪乎呂太太心理很難平衡。

事後，林正空向呂太太道歉，說他態度不好，但他仍舊強調呂太太因替人辦事，卡了許多陰。陳銘村跟他說，若呂太太卡很多陰，她家宅一定不安寧，她母親九十多歲，依然無事。

我聽了好笑說，我一向強調自作自受，別人既不能代己受過，也不能爲人添福，連佛菩薩都不能干涉因果，何況凡夫俗子。他既認爲爲人辦事會卡陰，我勸他別動念爲人服務，以免惹禍上身。

呂太太從未說過她能驅魔，她只是與對方溝通，一如慈惠堂堂主，問對方條件如何，如當事人與對方都願和解，自然無事，若對方執意報復，做爲中間人的她也是無能爲力，冤有頭債有主，怎會怪罪到中間人，除非中間人自不量力，自以爲能掃妖除魔而逞能，才可能激怒鬼神，或是自己心念不正，才會心魔招感外魔。

陳銘村告訴我，松山區公所因連死了四個里長，所以請李道長去區公所作法，因區公所樓上放了東星大樓在九二一倒塌時壓死的六十八位死者的遺物。

陳問我對此事的看法，我問他東星大樓倒塌是誰的過錯？不是建商的錯嗎？這些亡魂不去找建商麻煩，找里長麻煩做什麼？難道說這四位里長曾任意毀損死者的遺物嗎？

東星大樓如今正在重建，該大樓住戶十分幸運，因官司打勝，申請國賠成功。台中、南投還有許多倒塌的公寓、大樓，因建商脫產跑掉而求償無門呢？

重建的事應可告慰死者在天之靈了，他們為何要找上與他們素無瓜葛的里長呢？

一般做里長的，為求敦親睦鄰，每天跑紅白喜事，替候選人當樁腳，應酬交際特多，生活不正常，身體自不健康，再加上台灣B肝盛行，五、六十歲，六、七十歲的人肝不好的最多，若不肯過清靜日子，自會去見閻王，與亡魂何關？

不過這些里長若為求心安，不妨做一些儀式，若不改生活習慣，天王老子也救不了他們。

一如台鐵請混×法師來改風水，結果照樣出事，台鐵是一老大機構，若在上位的只知尸位素餐，在下位只知混水摸魚，改風水有何用？

網路上流傳一篇文章，是一位香港的宣教士寫的，她在美留學時跟一位印度教瑜珈師學佛性瑜珈，開始打坐時情況還不錯，打坐久了，開始出現一些多手多頭，似人非人的靈體，笑嘻嘻的要將她拉入一個很深很黑的坑裡，坑裡充滿許多同樣可怕的靈體，做一些邪淫污穢的動作。

由於她年輕時讀過教會學校，於是她大喊：「我奉主耶穌的名驅趕你們！」那些妖魔鬼怪就倏忽不見了。她也因此皈依基督，並勸人不要隨便打坐。

其實那些妖魔鬼怪全是她壓抑在潛意識中的情慾及莫名的恐懼，一旦放鬆後，便無預警的跑出來，嚇壞她。

不分文化、種族、社會、長久以來，人們打壓情慾，中國的理學家主張「去人慾，存天理。」中古歐洲社會規定男女作愛只爲傳宗接代，若爲性的歡娛，就是罪該萬死。直到二十世紀下半世紀，性的黑盒子才被打開，如今美國各大學都有性及性別研究所課程。即便如此，李安的《斷背山》在美國鹽湖城以及中南部一些保守的鄉下還是遭到抵制，不能放映，只因內容是有關男同性戀的。

美國尚且如此保守，東方國家看待性及情慾更是保守。

各種宗教都是打壓情慾的高手，回教更是，只准男人多妻，女人連不蒙面紗、自由行動、自由談情說愛、受教育的自由皆無。

人們壓抑情慾其來有自。壓抑並不能使其消失，只是將它逼入潛意識的死角伺機而動。

因此在打坐時，不管看到妖魔鬼怪或是神佛滿天，不過是自我慾望的投射，關神魔何事？無怪乎禪宗有「見佛殺佛，見魔殺魔」，因為佛、魔皆幻，皆為內心慾望的浮現。

有讀者寫信給我，說他曾在龍山寺禮拜時，開始結各種手印並講天語。他問我，難道這不是神佛降臨嗎？

當然不是，那是人的本能，人經過數百萬年演化，基因內儲存了太多訊息，一如電腦的記憶體，只要我們按對鍵，老檔案自會重現，人類基因記憶體亦然。

錯將愚夫當高人

陳銘村因工作關係全台走透透，認識不少奇人異士，不過就他介紹給我的幾位，不是通靈能力不高的神棍便是道行無足可觀。玉×宮的道長是典型的神棍。

這些人連林正空的本事都無，遑論其他。他自己看地理和超感能力都比他介紹的這些人來得高明。

林正空說他年輕時喜歡吃喝玩樂，眼高於頂，直到遇見淨×法師後，心性改很多，所以皈依淨×法師。

呂太太卻對淨×法師評價不高，她說有次打開佛教頻道，看淨×法師說法，開始聽時還覺得這人講得不錯，而且面相端正誠懇，不像有些法師不是腦滿腸肥便是獐頭鼠目，貪嗔癡全寫在臉上。但聽到他說他有幾十年沒用過錢時便覺這人矯情，他當然不用錢，因爲出入有弟子服侍打點，有人供養，何需用錢。

一位猶太教的教士因德高望重，對經典有專研，甚受他的教民愛戴。他怕自己因長期受人推崇而闇於自己的缺點。

一天，來了一位其他教區的年輕教士，他要那位教士直言他的缺點，那位年輕教士原先不敢造次，經他一再要求，年輕教士便說：「你每天讀經禱告，受信徒供養，根本不知民間疾苦，你知道那些坐在台下聽你講道的信徒，他們是如何辛苦賺錢，養活一家老小，隨時隨地會面臨失業或生意不好的情況，他們在爲生活掙扎之餘還供養你，聽你高高在上的訓誨。」

老教士聽了慚愧得無地自容，而這位年輕教士決定要保有自己的工作，不接受教堂提供的薪水，做教士是義務職。

我事後找了淨×法師的著作來看，他與那些自稱活佛，貪杯又好色的神棍相比算是有德的出家人，不過仍是識短器淺之輩。

在他寫的書中，他提到清末民初的國學大師章太炎的故事，他說章太炎的女婿告訴他，章太炎白天是學者，晚上被東嶽大帝請去做判官。他在餓鬼道碰見韓愈，韓愈因上唐憲宗〈諫迎佛骨表〉而毀佛、謗佛，本應下地獄，因他晚年悔改，所以才未下地獄而是在餓鬼道。

我看了這故事便有氣，果眞這番話是章太炎說的，章太炎該打屁股，他連韓愈一生行事爲人都不知，他這個國學大師的名號是欺世盜名。

唐憲宗是個昏庸皇帝，在位時，宦官爲禍，牛李黨爭、藩鎮割據愈演愈烈，他無力治國，民不聊生，卻大事鋪張迎佛骨，浪費民脂民膏，韓愈是個好官，他看不下去才敢冒死寫〈諫迎佛骨表〉，憲宗大怒把他貶到潮州。只可惜他虎頭蛇尾在潮州待不下去，又上表請罪，說他錯了。

他有性格上的弱點，名利心太重，不及柳宗元性格高潔，他若生在唐太宗或武則天的時代，早受重用，當宰相是遲早的事，只可惜他生不逢時，生在昏君跟前，想要有所作爲，窒礙難行，於是成了四不像。

要他昧良心，不爲百姓說話，他做不到，爲百姓伸冤遭到打壓，他吃不了苦，只好又卑顏奉承。

他的個性十分矛盾，但絕大多數人不是跟他一樣嗎？得意時忘形，失意時又灰心喪志，無法堅持原則，連我自己也不敢說自己會比他勇敢到哪去。

但他〈諫迎佛骨表〉上錯了嗎？〈諫迎佛骨表〉代表了他知識份子的良知，一個爲民請命的好官會下餓鬼道，一個浪費民脂民膏的昏庸皇帝，只因迎佛骨便往生極樂，這樣的極樂世界也不必去了，因爲裡面全是不管百姓死活的昏君。我寧可到餓鬼道去陪韓愈。

中國歷史上有所謂「三武之禍」，有三位皇帝令僧尼還俗，奪取廟產，佛教界以此爲佛教的浩劫，但他們從不檢討佛教教團的墮落腐敗，僧尼愈來愈多，他們不事生產，不服兵役、勞役、不用納稅，還用大量的銅鑄造佛像，搞到連鑄幣的銅都沒有，到處興建宏偉的佛寺，到處佔良田沃土。

社會只有這麼多資源，寺廟佔取這麼多資源，百姓是否要倒霉？做皇帝的眼看民生凋蔽，是否要打壓佛教？

佛教往往恐嚇人們只要謗佛毀僧便要下阿鼻地獄，永不得超生，以此遏阻人們對佛教的批評。這世界沒有十全十美的人，就算佛陀無心爲惡，十分神聖，但那些打著祂名號，一心只求名聞利養，不知民生疾苦的佛教人士的作爲，該不該批評呢？

我相信起佛祖於地下，祂也會與韓愈爲伍，而不會贊成唐憲宗的作爲。

爲了這個佛骨，唐朝皇帝每三十年便從地宮中請出來遊行長安城，許多宗教狂熱份子在路旁燃臂、燃頂供佛，全長安城的人如瘋了般，耗費龐大的民脂民膏，直到唐朝末代皇帝唐僖宗時，這個活動仍未停止，最後引來朱溫造反，唐朝滅亡。

不意一千兩百年後，台灣還有這種迎佛骨佛牙的活動，心經上不是說「諸法空相」嗎？哪來的佛骨、佛牙這些有相的東西？那是對釋迦牟尼最大的侮辱。

宗教與人一樣，要進步，就要有雅量接受批評，動輒給人扣帽子，只要批評佛教，就是毀僧謗佛，要下無間地獄，佛教跟獨裁者一樣，當年施明德、李敖那些人爲何坐牢？不就是跟蔣家父子嗆聲嗎？他們的勇敢促使台灣成了民主國家。

中國大陸到今天，還想封殺輿論，還想一手遮天，這難道不是台灣人不願統一的最大原因嗎？

佛教還恐嚇人，只要批評佛教的文章如〈諫迎佛骨表〉還在世上流傳，韓愈就一輩子不能超生。我倒想知道舍利佛、大迦葉以及許多高僧大德，包括廣受人尊敬的廣欽老和尚他們那些歧視女性而流傳至今的言論該當何罪？他們是否也該到地獄去報到？

那些說女人出家會使佛法倒退五百年的人，口說衆生平等，卻一再強調女人業障重，無法以女身成佛的那些佛教高僧大德與經典的作者是否該入無間地獄？

佛教的高僧大德沒有遠見，他們不知道有天人類會進步到男女平等，才會說出那些沒見識的話。由此更可見沒有任何人的思想和經典是不會落伍的，人類的科技愈來愈進步，價值觀愈來愈多元化，這是可喜的現象，怎可抱殘守缺，還以落伍的知見來恐嚇人呢？

舊約聖經上認爲同性戀該死，通姦該死，該拿石頭打死，如今各國法律都秉持通姦除罪化原則制訂法律，除了台灣和回教國家，進步的國家已無通姦罪，有些國家如英國、荷蘭等已通過同性戀可以結婚。

如果說通姦無罪，同性戀可以結婚，那麼以前將其定罪便是混帳作法，如以前是對的，現在除罪化便是混帳，當然不是，這只代表了人思想進步了，社會價值多元化，才使許多事情成了昨是今非。

回教認爲他們箝制女人，不給女人自由是對的，我們會認爲他們的作法對嗎？別忘了！他們可是假阿拉之名而行奴役女人之實，佛教，基督教難道沒幹過這種踐踏女權的事嗎？

淨×法師還講了一個我深不以爲然的故事，話說唐朝有一個龐蘊居士，是很有錢的人，他悟道後，把家裡的財物統統裝一條船上，划到長江中心，把船打破，讓船沉到江心。有人問他何不拿去救濟貧苦，龐說：「多事不如少事，少事不如無事。」

他此後每天編草鞋賣幾文錢，沒有牽掛、累贅，得大自在。淨×法師對他推崇備至。我看龐蘊不過是個自私自利的混球。釋迦牟尼拋棄榮華富貴，也沒放火把皇宮燒光。他在最餓時，還接受牧羊女的羊奶喝。

龐果眞看破榮華富貴，就該財佈施給貧困之人，佛教一再強調要財佈施、法佈施、無畏佈施。如果人人把財物沉江中，誰來齋僧供佛？

何況一粥一飯當思來處不易，那是農人辛苦力作而來，暴殄天物該當何罪？

一個人只要活在這世上，只要會吃喝拉撒，如何能少事、無事？尤其在今日社會，你走的高速公路和馬路，是大家納稅修的，你穿的衣服，吃的飯，睡的床，住的屋，享用的各種現代科技，莫不是集衆人之力而成，有什麼資格說自己可以擺脫累贅，一個不事生產的人才是衆人的累贅。

像這種腦袋不清楚的宗教法師、上師所在多有，成天拿些不合邏輯，前後矛盾的小故事來教訓人，腦袋清楚的人還會去質疑這類故事合不合道理，一般大衆只會糊裡糊塗被誤導。

林正空若眞要爲人服務，他還得修心養性一段時間。他的知見若跟他師父一樣，還有待提升。

第十七章　邁向另一境界

半僧是我認識的通靈人中，我較常請教的一位，不是他道行有多高，而是因爲他愛看書，他看到好書會推薦給我，我也因他介紹而認識自發功。

他告訴我有一本《邁向另一境界》的書値得看。我看了後有不少感想，我也介紹給文芬看。

文芬看了後說，作者克雷門斯．庫比跟我同年生，與我的經歷很像，他原是德國的綠黨創建人之一，後來遭同志背叛，一時看不開，從工作室窗子跳下十五公尺的柏油路，導致半身癱瘓。

本以爲他從此會與輪椅終生爲伍，結果他在全身放鬆後，身體卻自己痊癒了，他稱這個過程是內心的淨化，是他與靈魂的對話的結果。

兒子看完這段後對我說：「這就是自發功的靜功，他因對氣功不瞭解，不知道自己在完全放下後，啓動靜功的機制，這一啓動，開始了他的自癒功能，才使他能再度站起來。」

兒子練自發功比我精進和有心得，所以一看就知是怎麼回事。

庫比也因自己的奇遇，在他恢復健康後，開始了他的靈異之旅。他本來跟我一樣對神鬼一事不經心，專注於社會運動，熱衷於改造社會。

他經歷過奇蹟式的康復過程後，便向德國一些電台及電影獎評審委員會、電影基金會申請經費，然後去拜訪全球各地的大通靈者、大巫師（即薩滿師），也見識各種不可思議的靈療法。

只可惜他沒來過台灣，不認識氣功，不認識林孝宗，如果他看過林孝宗的《自發功》一書，他會明白靈療沒什麼神奇的，那些法師懂得讓病人鬆、靜、自然，再引發他們自體的自癒能力。

他以攝影機記錄他與這些法師、通靈者面談的過程，其中有達賴喇嘛、噶瑪巴法王、賽巴巴、教人天眼通能力的德國人荷西·希爾瓦，還有只要手上有一塊鋁便能找到鋁礦，有一張貓的照片便能找到走失的貓，有本事找石油礦，找沉船、找到世上任何東西的俄國人伊夫傑尼·波德仁寇。還有貪杯好財、脾氣甚壞卻會靈療治病的美國印地安人哥佛列·奇普斯。

還有菲律賓的勞倫斯·卡克登，徒手為人開刀拿出病人不好的腫瘤和器官，庫比最後發現這種徒手開刀不過是魔術，血是雞血，不好的東西是動物的內臟。但仍有不少病人被治好了，作者只好稱之為有療效的幻覺。他認為一場好的表演，就是一種治療方式，他讓病人生出信心，增強免疫力。

他還訪問過尼泊爾的拉茱爾多、緬甸的鳥·師恩、韓國的朴熙愛、布吉納法索的帕帕艾力、祕魯的唐·奧古斯汀、蘇丹的伊伯拉希姆酋長，這些人都有通靈與靈療的能力，但經他們治療的病人，若不改變生活習慣，很快的又會病發而亡。

作者也很淸楚，巫師憑藉的是鼓勵當事人提升自我治療的勇氣，而非眞有治病的本事。

通靈人的凡人性格

不過這些大師即便擁有不可思議的力量，他們還是有凡人性格，總以爲自家的法術最高明，不願意與其他人同台演出，達賴喇嘛的手下知道他們的上師會與印度教的賽巴巴同時出現在一個記錄片中，便表示不屑與賽巴巴爲伍。蘇丹酋長不肯與印地安的巫師出現在同一部記錄片中，他們互別苗頭，使作者十分爲難。

全書最發人深省的話是作者的體悟。他在與完全天眞和不受物質慾望所役的托達人相處後，才發現尋求快樂之道有無窮盡的方式，而非限定在某個宗教中。

這像攀登上快樂之巓的登山團，通常每個團員只注視自己的路，還有在自己前後想要爬上山的人，前面的人不斷地從上面往下喊：「還有很長的一段路！」而自己也朝再後面的人喊，告訴他們該往哪裡走。

要是有人脫離了道路，大家就會警告他，說他一定會墜崖，如他不聽就成了叛徒，大家一定會用盡辦法把他帶回正途。若將自己的道路解釋成教條，那麼便會引發爭論，大家互不相容，越來越偏激，再也壓抑不住暴力，於是埋下戰爭的因子。

若這些教條主義者有機會環視整座山，他們會看到四面八方的道路。都是通往快樂之巔，換言之，殊途同歸，條條大路通羅馬。

但要在大家到達山巔上時，才會看到那是一座四面八方都可攀爬的山，到處是爬到一半的人。正在攀爬的人，只有極少數人能看到除他們自己道路以外的東西。（節錄自《邁向另一境界》）

這是作者在經歷一趟全球走透透的靈異之旅後的心得。

這些全球知名的大宗教導師、大通靈者尚且不能免於門戶之見，唯我獨尊心態甚重，遑論我所接觸的一般通靈者，他們雖通靈，能爲人釋疑解困，消災解厄，但凡人性格一點也不少。

他們一旦碰上跟自身有關的事，一樣瀟灑不起來。他們長於爲客戶指點迷津，卻少有自知之明。

更有些爲了顯本事，喜歡大包大攬，預測一些不該預測的事如股票與國運。有道行的尙且如此，遑論那些招搖撞騙的。通靈人更難過名、利、色關。一旦名利雙收，不作怪也難，更有還未成大師，只不過剛露頭角，便貢高我慢起來。還宣稱他日後要做國師而非法師。常假藉神明的指示來拐周遭的人，甚至還想拐我，我在《看神聽鬼》一書早說過，我可不聽命於任何人，管什麼天王老子或神明。我既「難得爲人」，如何會做受人擺佈的「傀儡」，要做「傀儡」又何必走這趟人世。也有人爲了彰顯權威，動輒教訓來問事的人，把人罵得狗血淋頭，對跟他理念不合的人或事大肆批評。

好的通靈人及其指導靈應如好老師，讓人有如沐春風之感，而非動輒打罵學生。愛教訓人的都是貢高我慢者，他及他的指導靈層次絕不高。

因此找通靈人服務要有自己的定見，通靈人的答案不過是參考，不應期待他們是萬能的，他們不是上帝，只是靈界中某個靈的代言人而已。靈界的靈也不是萬能的。通靈人不是算命仙，他們若服務人數太多，時間太長，靈力會降低，他們若不懂節制，很快會失去口碑。

不過我仍感謝這一年來跟我打交道的通靈者，誠如孔子說的：「三人行則必有我師焉，擇其善者而從之，其不善者而改之。」他們的言行給了我不少自省的機會。

《後記》

如何找個好通靈者

寫完《看神聽鬼》後，我其實無意再寫第二本或第三本有關神鬼的事，因我已有結論，那就是人生不只一世，生生世世輪迴，人生意義即在生死流轉中的體悟。因此神鬼不是重點，重要的是自己如何去選擇和建構自己的人生。

不意書出之後，不少讀者來信或來電，問題一大堆，又發生蔡伶姬事件，再加上我又有許多奇遇，於是將這一年來發生的事如實寫出，希望能回答大家的問題。

大多數人看我書的目的是想找一個好的通靈者以解決自己的問題或困惑，能體會出我弦外之音的是少數。

既是如此，我不如教大家如何找個好通靈者，至少不會被騙財騙色。

通靈者的能力、德行有高下之分，扶乩扶鸞、起乩是最低層次的，而且其中騙人居多，不過是拿一些老掉牙的教訓或語意不清的指示來唬弄當事人，事後又要當事人捐錢印善書，添香油，燒金紙、燒往生錢、請神等做一些無效的儀式。

眞正高明的通靈者，只要報上姓名、地址、年齡（不需八字），提出具體的問題，他（她）們會很快很準確的說出當事人的現況與問題，不需問者一直提供資訊，而且他們的回答多是肯定句而非疑問句或模稜兩可，語意不清的。

若要靠當事人不斷提供資訊來回答的，絕對是假的。問訊者常會因壓力大，一看到通靈者或是算命師便迫不及待的吐苦水，吐了半天，對方早已知你斤兩，要騙你易如反掌。

但也不能一坐下來，一語不發，就要通靈者把你這一世說清楚，你得提出具體的問題，以呂太太而言，她無法回答你這世是否有好姻緣，只能就你提供的對象的名字，告訴你他（她）是否是你（妳）的眞命天子。

通靈者不過是你與靈界的溝通者，他們只負責溝通，並無本事爲你消災解厄或保證你付了多少錢，可以爲你改運作風水，給你榮華富貴。他們背後的指導靈也無此能耐。若有通靈者或任何宗教法師敢這麼大包大攬，而且要價很高，其中必有詐。因爲連神佛也無力干涉因果，遑論一般凡人。

你絕不會因去××廟拜拜或因××上師加持而財運大增，姻緣美滿。你這世的福份、困境皆拜你累世作爲所賜，誠如佛家說：「若問前世因，今生受者是，若問來世果，今生作者是。」

一切皆是你自作自受，無人能替你解決問題，一旦你有花錢消災或祈福的念頭，你就成了神棍眼中的肥羊。

好的通靈者不過是給你指點迷津，困難能否解決，全在你一念之間。

我以爲好的通靈者收費，可比照美國心理醫師，收費在兩、三千元之譜是合理的。

做善事切忌抱著做功德的心態，建廟、建教堂、齋僧、放生、做法會、禪坐、持咒、誦經皆不是眞正的修行。眞正的修行是林孝宗在《氣功與心靈》中說的：「眞正的修行是修氣脈與心性。」

讓心不爲形體所役，不爲識所縛，心靜靈動，自會達到淡泊寡欲，了脫生死的痛苦。

茲將他們聯絡方式與電話列在書後，不過我仍要再度聲明，他們目前都是收費公道也有道行的人，日後如何不得而知，我也不能保證。

通靈者能否解決你的問題，還要看緣份，正如台語俗諺：「先生緣，主人福。」

呂太太　FAX：(02)82618619（請寫上大名、年齡、住址、問題及聯絡電話，她能幫忙，就會回電，若不能就不回電。）

彩虹講堂　(02)25022723

空虛道長　(03)5208178　0958048877（彭道長）

陳銘村　0932320728

台北府城隍　(02)27699515

半僧居士　(02)29868946

積餘慶生技公司　(02)27557481

林孝宗　《自發功》《氣功養生治病》《氣功與心靈》《探索人體的內層結構》

(03)4227151 轉 34207　早上十點至十二點　FAX: (03)4252296

國家圖書館出版品預行編目資料

通靈者說／施寄青著・一初版…台北市：
小異出版：大塊文化發行，2006[民95]
面； 公分・…（不在系列；1）
ISBN 986-82174-0-7（平裝）

1. 通靈術 2.靈魂論

296 955005597

Trans+

Trans*

Trans'